# わが体験的キリスト教論

## ドイツ留学で実感した西洋社会の本質

渡部昇一

Shoichi Watanabe

ビジネス社

# 西洋の本当のことはキリスト教がわからなければわからない
## ――まえがきに代えて

渡部玄一（渡部昇一長男・チェリスト）

## 「父の本で一番おもしろい本」

私の父、渡部昇一はその生涯で膨大な数の書籍を残した。正確に何冊であるかは、息子の私もよくわからない。

「お父さまの本のなかで、どれがお好きですか？」

こんな質問を受ける機会もあるが、あまりにも多くの本があるから、なんとも難しい。

だが、そう問われたときに、よく挙げる本がある。

『ドイツ留学記（上・下）』（講談社現代新書）である。

以前、教養動画メディア「テンミニッツTV」（https://10mtv.jp/）に出演した折にも、父の仕事ぶりや考え方について思い出を語る流れのなかで、「私は父の本で『ドイツ留学記』が一番おもしろいと思っている」とついつい言及した。

　それが一つのきっかけとなって、このたび、その下巻が『わが体験的キリスト教論』として再刊されることになった。

　このことは、きっと父も天上で喜んでいるだろうと思う。なにしろ、この『ドイツ留学記』は、父が最初期に書いた原稿であるから。

『ドイツ留学記』を講談社現代新書として発刊していただいたのは、上巻が昭和五十五年（一九八〇年）十月、下巻は同年十一月である。だが、実は父はこの原稿を、昭和三十年（一九五五年）からのドイツ留学を終えてすぐ、二十代後半のころに書いていたのだ。

　父は『ドイツ留学記』上巻のあとがきに、次のように記している（このあとがきは、書籍として発刊するにあたり、昭和五十五年九月に書かれたものだ）。

《この原稿は、昭和三十年（一九五五年）から約三年間のドイツ学生生活の体験と観察をメモしたものや日記を踏まえて、留学終了と同時に書きはじめたものである。その頃、出版したいとは思ったが、出版関係にこれという知己もなく、そのまま箱に入れてしまっておいたものである。知り合いの老婦人に乱雑な原稿を綺麗に清書してもらい、近親の者に回し読みをしてもらった。各章毎に、父がボール紙の表紙をつけてくれたので、わりと読みやすい形になったと思う。私の父も、その老婦人も、ともに今は亡い。なるほど十年一昔というけれど、二十年は確実に二昔である》

新書二冊分の膨大な原稿をわざわざ清書してもらったところに深い思い入れを感じるし、ここに書かれた父の父（つまり私の祖父）や老婦人への回顧からも、しみじみとした愛惜の情が伝わってくる。

『ドイツ留学記』の上巻では、若き父が実際に見て感じたドイツの見聞録、さらにドイツの教育のあり方についての考察などが、生き生きとした筆致で描かれていく。

そして、今回『わが体験的キリスト教論』として再刊される下巻は、ドイツの「キリスト教社会」の奥深くに入り込んで体験した興味深い出来事の数々と、そこから導き出された考察が書かれた社会論であり、歴史論であり、宗教論である。

「西洋全体を理解するうえでキリスト教を正しく理解することがいかに大切か」を悟った

経緯が克明に描かれている。

よく知られているとおり、父は上智大学で英語学を学び、後年にはその教授を務めさせていただいたわけだが、上智大学はカトリックのイエズス会が建てた学校である。また父自身も、カトリックに入信している。それゆえもあるだろう。本書を読むと、留学生として、よくぞここまでヨーロッパのキリスト教社会の内側に入って、ここまでの経験と観察をしてきたものだと、息子ながら舌を巻く。

父がキリスト教に身近に接するようになったのは大学に入学して以降のことだから、二十五歳で留学に赴いたころは、まだまだキリスト教にまつわることが物珍しく、よりいっそう好奇心が旺盛だったこともあっただろう。それが父のドイツでのキリスト教体験にも、そして結果としてのこの一冊の記述にも、とてもよい効果をもたらしているように感じる。

当時は、第二次世界大戦が終わって十年である。日本人の留学生も、きわめて少なかった時代だ。ドイツの人びとからすれば、先の大戦を同盟国として戦った日本の若き学徒で、しかもキリスト教徒でもある。客人を心からもてなすことを重んじるドイツ人気質もあって、父は大いに歓迎され、受け入れられた。その感激が本書の随所に描かれている。

父は父で、現地の人びとと大いに交流し、徹底的に現地の言葉を勉強し、そしてあらゆる機会に手紙を書き、あらゆる招待に応じ、不義理をしないように積極的に取り組み、しかも、しっかりと観察し、考察することも忘れなかった。

私がこの本を特別なものに感じるのは、私自身が留学したことも影響しているだろう。私の場合はチェロ奏者としての修業をするべく、一九九〇年代にアメリカに六年、ドイツで一年学んだ。当時は日本人留学生も多かったが、周りを見回すと、留学に来ているというより遊びに来ているように思える人もいなくはなかった。そのような情景を見るにつけ、父が非常に真剣に「こうあれば実り深いだろう」と思わせる規範的な留学生活を送っていたことの意味を、しみじみ考えさせられたものである。

そんなこともあって、父と身近に接してきた私からすると、若き父が猛烈な時間をドイツで過ごし、多くの人たちとの交歓で感情を揺さぶられつつ、キリスト教社会の本質に触れていく姿が赤裸々に描かれていることに、身内ならではのある種の気恥ずかしさを覚えるのと同時に、どうしても独特の感慨を覚えてしまうのだ。

父が書いたものについて、「鋭い観察と洞察で物事の本質を掴み取って、印象的なエピソードでわかりやすく描き出す力がすごかった」とありがたいご指摘いただくことがあるが、その力が三年にわたる留学生活を通して十全に発揮された一冊といえるかもしれない。

たとえば父は、留学生とドイツ人学生を集めた催しで経験したあるショッキングな出来事から、「猿の神学」「猫の神学」という話を導き出していく（本書第2章）。

この「猿の神学」「猫の神学」という言葉は、父がつくったのではなく、ドイツで聞いてきたもののようだ。宗教の宗派を動物にたとえて貶めるというのではなく、神と人間の関係を動物の習性になぞらえたものであり、日本人にもイメージとしてパッと伝わるところがある。日本に布教にきたフランシスコ・ザビエルが阿弥陀宗のことを聞いて「ここにもルターの猫の子がいたのか」といったという逸話まで紹介しているのも、いかにも父らしい。

この一冊には、その後の父の著作の方向性を決定するような気づきや思弁が、ふんだんに書き込まれているようにも思う。それは大いに知的興奮をかきたてるものである。「父の本のなかで、一番おもしろい」と感じるゆえんだ。

## キリスト教がわからないと見えてこないこと

この本の冒頭に近い部分で、父はこんなことを書いている。

《デュッセルドルフで親切にしてくれた日本の商社の方が、「西洋のことは、いろいろ解ったようでも、彼らの宗教がわからないものだから、本当のことはどうもわかりませんね」といっておられた。この方は「西洋の本当のことは宗教がわからないからわからない」という結論を得られたことで、すでに日本人の西洋理解の盲点を示されたと思う》（本書四八ページ）

「西洋の本当のことはキリスト教がわからなければわからない」――このメッセージは、本書全体を通しての結論ともいえる。そしてこれは明治以来、現在に至るまで、多くの日本人が直面した悩みでもある。

幕末から明治初期にかけて、近代国家をめざすなかで欧米に留学し、その社会を見聞きした先駆者たちは、キリスト教社会を持たない日本が本当に近代国家になれるのか、真剣に悩んだ。法治国家の鎧で固めた内側に、信仰と道徳と共助を支えるキリスト教社会がある二重構造によって、欧米近代国家が成り立っていることを見て取ったからだ。

現在でも、キリスト教への理解なしに、ヨーロッパの多くの人びとの人間観や社会観、あるいは道徳や文化の核心を理解することは困難であるに違いない。またたとえば、アメリカの大統領選挙などの折に、キリスト教原理主義的な勢力の影響が論じられることがあるが、その雰囲気や実像を理解するのは、キリスト教社会を知らない日本人にとって大いに難しいことであるはずだ。

あるいは、かつてのソ連や現在の中国のような共産主義国家は、「宗教はアヘン」だと唱え、宗教を弾圧してきた。それをキリスト教国家である西欧諸国やアメリカの人びとが、どのように見ているのか。そのようなことも、キリスト教社会についての理解がなければ、実感としてわからないだろう。

共産主義とカトリックのことでいえば、次のようなことがいえるかもしれない。カトリックの主張では、この世界は神様が与え給うたものであって、人間はそのなかで色々な誘惑に勝ちながら善行をしていくべき存在である。このとき、人間が「自分自身の意志」で善行をすることが大切だとされる。だから、自由意志がない世界では意味がない。プロテスタントの「予定説」（善行をしてもしなくても、誰が救済されるかは神が予め決めているという考え方）を、カトリックが「堕落だ」として批判する論拠でもある。

共産主義には「全部決められたシステムのなかで生きる」ようなところがある。富の蓄財もダメだし、富の自由な行使もダメである。これは「自由意志に基づく善行」を求めるカトリックとは、基本的に相容れないのである。そのようなことも、キリスト教がわからないと、なかなか見えてこない。

では、どうすればキリスト教やキリスト教社会がわかるのか。

学校の世界史の授業で、「ルターが宗教改革をしました。教会が『免罪符』を出しているのを堕落だと考えたからです」などと表面的なことを教わったところで、何もわからない。そのことを父は本書で、さまざまなエピソードを紹介しながら論じている（たとえば、「免罪符」という訳からして間違いであることが本書九二ページ以降で論じられているので、参照いただきたい）。

やはり、キリスト教社会のあり方を体験し、自分の身体で感じ、自分の頭で考えることをベースにしなければ、その内実はなかなか摑み取れるものではないだろう。

父が昭和三十年（一九五五年）当時に体験したドイツは、文字どおり「古き良きキリスト教社会」が厳然と存在している時代であった。しかもドイツは、カトリックとプロテスタント（ドイツではエヴァンゲリッシェという）の二つの教会の歴史的な根深い対立を色濃く残した地でもある。

だからこそ父は、キリスト教とキリスト教社会の本質を、強烈に体験することができたのであろう。ややキリスト教社会らしさが薄れつつある現在では感じ取れないかもしれないものを、本書は濃厚に伝えてくれる。

それゆえ、本書は必ずや多くの日本人に、キリスト教とキリスト教社会を理解する重要なヒントを与えてくれるものであろうと思う。

もしかすると、プロテスタントを信仰されている方々からすれば、父の書いていることが明白にカトリックの肩を持ちすぎているように思われる部分もあるかもしれない。

だが、父は本書で、プロテスタントを深く信仰する人びとの信念の強さを大いに賞賛しているし、プロテスタントへの評価や反論にも色々な視点や自分の体験が入っている。また、本書にも書かれているように、父がこのドイツ留学以来たいへんお世話になった英語学の恩師カール・シュナイダー先生もプロテスタントを信仰されていた。後年の父とシュナイダー先生の深い交流を知る私から見て、父にプロテスタントへの過度な悪意があったとも思えない（もちろん、父にカトリックへの肩入れがあったことは否定しないが）。

そのような意味で、どなたにとってであれ、キリスト教を知るうえの一助になる部分は、必ずあるに違いない。

## クラシック音楽から見たカトリックとプロテスタント

本書の後半で父は、ドイツの劇場でバッハの名曲「マタイ受難曲」を聴いたときの思い出を書いている（本書一五七ページ、第2章の「『マタイ受難曲』から」以降）。

受難曲というのは、キリストが磔刑になるまでの過程を音楽劇で描き出したものだが、バッハの「マタイ受難曲」は演奏に三時間もかかる大曲である。日本で聴いたときには退屈してしまった父だが、ドイツの劇場で聴いて目を開かれたようだ。

加えて、その数日後に父は、ベルギー郊外の聖アンドレア修道院で、典礼としてキリストの受難から復活までを追体験していく宗教行事に参加することになる。

劇場での演奏会と、修道院での典礼。この両者を比較する文章で父は、生活のなかに宗教が根ざすことの意味と本質を、みごとに描き出しているように思う。日頃、バッハをはじめヨーロッパの古典音楽を演奏する私としても、ハッとさせられる箇所である。

ここで少し、クラシック音楽の道で生きてきた私の視点から、カトリックとプロテスタントについて考えてみたい。

本書の再刊にあたり、テンミニッツＴＶで本書にまつわる講義をしたのだが、その折にテンミニッツTV編集部が作曲家の信仰について、次のようなリストを準備してくれた。

・［カトリック］＝ハイドン、モーツァルト、ベートーヴェン、シューベルト、ブルックナー、フランク、ドヴォルザーク
・［プロテスタント］＝バッハ、シューマン、メンデルスゾーン、ブラームス

ここで挙げたカトリックの作曲家と、プロテスタントの作曲家とで、大きな違いがあるだろうか。普段、オーケストラなどで演奏しながら、あまり深くそのことを意識したことはなかったが、この機会に考えてみた。

「いわれてみれば、もしかすると」というくらいのイメージだが、たとえばプロテスタントであるシューマンやブラームスは、個人的な表現、自分の心情の表現にこだわりを持つ傾向が強いようにも思う。

なぜ、そうなのか。一つの可能性として、プロテスタントの創始者であるルターが、殊に音楽を重んじたことがあるのかもしれない。

ルター派は、人間の五感を、それぞれ快楽をもたらすものとして憎んだが、なぜか耳

（聴覚）だけは賞賛した（本書一四八ページ、第2章の「新教の視覚非難」の見出し以下を参照）。聖画（キリストや聖人たちを描いた絵）や聖遺物（聖人たちの遺骸や遺品の一部）を崇めることは偶像崇拝だとして厳しく非難したが、賛美歌は非常に重要視したのである。ルター自身も、賛美歌を作曲したと伝わる。

そのようなプロテスタントの音楽を通じた表現欲求が、プロテスタントの作曲家に何らかの影響を及ぼしている可能性もあろう。

一方、カトリック側に連なる作曲家はどうだろう。

モーツァルトはカトリックのザルツブルク大司教区の司教が領主という地で生まれているし、宗教曲も多く作曲している。だが、彼の場合はもう、交響曲であれ宗教曲であれ、本当に音楽そのものが鳴り響いている感じではある。

ベートーヴェンは、カトリックのケルン大司教区の首都・ボンの生まれだ。祖父と父がその地の宮廷に仕える音楽家であったから、当然、カトリックで洗礼を受けているわけだが、本人にそれほど強いこだわりがあったかどうかはわからない。プロテスタント色の強いシラーやゲーテを深く愛していたことは有名だが、その一方でカトリック典礼のミサ曲の大傑作「ミサ・ソレムニス（荘厳ミサ曲）」も残している。

シューベルトは少年のころにカトリック教会の聖歌隊にいたこともあり、美しい宗教曲も数多く残している。だが、ゲーテの詩をもとにした歌曲などは、もちろんあまり宗教のことなど考えて音楽を書いていないだろう。

ブルックナーはリンツ出身で、その地の聖フローリアン修道院やリンツ大聖堂のオルガン奏者も務めていたが、彼の曲はいずれも随所に濃厚なカトリックの影響を感じる。ベートーヴェンやシューベルトの墓が改葬されたときに、発掘された頭蓋骨にブルックナーがキスをしたという話があり、ときに気味悪がられたりするが、ブルックナーからすればカトリック的な「聖遺物信仰」の素朴な表出だったのではないか。げんに、ブルックナーは先達であるベートーヴェンやシューベルトの音楽の魂を深く理解し、誰よりも自らの音楽のなかに継承しているように思える。

カトリックは、プロテスタントと違って、聴覚以外の感覚器官を否定するようなところがない。だからカトリックの作曲家が書く音楽は、世界を音楽で「視覚的」に描き出したり、あるいは壮大な大聖堂のような音の伽藍を組み上げたりするところに秀でた部分があるかもしれない（その点、本書一四八ページ、第2章の「教会建築」の項は、音楽理解の一助にもなる可能性がある）。

とはいえ、これらは本当に「もしかしたら」の推論だ。作曲家たちが、そこまで宗教宗派を強く意識していたかどうか、わからない。影響しているとすれば、あくまで「知らず知らずのうちに」であろうか。

## 三十年戦争の地獄の淵から、究極の調和を生み出す

作曲家における信仰の影響を、厳密に探っていくのは容易なことではない。

だが、あまりにも明々白々なことがある。それは、作曲家のカトリックとプロテスタントの違いは、みごとに生まれた場所（あるいは作曲家としての「勤務先」）によって分かれているということだ。

簡単にいえば、プロテスタントの地区に生まれている作曲家はプロテスタントで、カトリックの地区で生まれている作曲家はカトリックだ（ないし、自分が仕えた宮廷がプロテスタントであればプロテスタントだし、カトリックであればカトリックである）。

なぜ、そうなったのか。その理由は、宗教改革の激流のなかで結ばれたアウクスブルクの和議（一五五五年）と、その後の三十年戦争（一六一八年〜一六四八年）に求められる。

宗教改革はもはや押しとどめられるものではなくなり、アウクスブルクの和議では、そ

れまで異端とされていたルター派が認められることになった。だが、ルター派を選ぶかカトリックを選ぶかは各領主が決定し、領民はそれに従うことになった。領主の信仰する宗派を、有無をいわさず領民も信仰しなくてはならないのである。

ところが、この和議では、カトリックとプロテスタントの対立の火は消えなかった。一六一八年に、カトリックを信仰する領主の下にいたプロテスタント教徒たちが叛乱を起こすと、両派の領主たちが介入して戦乱は拡大し、ついに三十年戦争となってしまう。

ドイツ全土に広がったこの戦争は、本当に悲惨な戦争だった。父も本書で「一六一八年に一千七百万近くあったドイツの人口は、一六四九年には九百万人に満たなかったのである」（一〇五ページ）と書いているが、原爆があったわけでも機関銃があったわけでもない時代に、ここまでの人口急減が起きたということは、いかに人間が他者に対して残酷になったかということである。

宗教戦争にとどまらず、ヨーロッパの主導権争いの様相も呈し、各国から軍隊が入り込んでくる。傭兵たちは農民たちをまるで狩りの獲物のように殺戮し、掠奪を繰り返した。それに対する農民たちの復讐も、凄惨なものとなった。満足に食糧も生産できず飢餓状態となり、食べるために人間の幼児が売買されるほどの阿鼻叫喚の地獄絵図にまで墜ちたという。

そんな三十年が続き、この戦争に巻き込まれたあらゆる人が疲れ果て、ウェストファリア条約が結ばれ、戦争は終わった。さまざまな取り決めがなされるなかで、アウクスブルクの和議で決められた「領主の宗教は領民の宗教」の原則も踏襲されることとなった（ルター派に加えて、カルヴァン派も認められることになった）。父はこう書いている。

《このような空前の宗教戦争の後、誰が宗教の議論に耳を貸すであろうか。Cujus regio, ejus religio（領主の宗教は領民の宗教）というきわめて非宗教的な取り決めが行われた時も、みな仕方がないとした。宮廷における貴族の数も、新旧両教徒同数となった。かくしてドイツは荒廃した国土と根絶やしにされた文化の国となり、一挙に西洋の後進国に転落した》（一〇六ページ）

まったく、そのとおりであろう。

だが、クラシック音楽に携わっていると、ここで気づくことがある。

音楽の父ともいわれるヨハン・セバスチャン・バッハが生まれたのは一六八五年。残虐な三十年戦争が終わってから、たった三十数年後のことなのである。バッハが初めて宮廷楽団に就職したのは一七〇三年だが、それも三十年戦争からわずか半世紀あまりだ。

地獄のような戦争から、わずか半世紀あまりで、典雅で調和の取れたバッハの音楽が出てきたことには、とても切実な意味があるように思う。

バッハの音楽は、自分の個性や主張を表現しようとするものではなく、純粋に音の美しさや音楽の構造を極めようとしたものであった。それが優れれば優れるほど、神様の栄光を表わせるとバッハは考えた。誰かに宗教を押しつけるということではなく、自分の音楽の仕事のなかで、そのような境地を実現しようとしたのである。

地獄の淵から、究極の調和を生み出したバッハの音楽の力は、やはりヨーロッパ精神なるものを考えるときに、まことに感慨深いものである。

父が一番好きなクラシック音楽もバッハであった。父は、クラシック音楽への造詣は深いとはいえず、バッハを好きになったあとも、好んで聴いていたのはモーツァルトやベートーヴェンくらい。それ以後の作曲家の音楽を私が聴いていたりすると、「なんだ、このうるさいガチャガチャしたのは」という感じであった。

そんな父がバッハに目覚めたのも、キリスト教社会にどっぷり入って、バッハの神髄に触れたことが大きかったのであろう。まさに、「西洋の本当のことはキリスト教社会がわからなければわからない」ことの典型的な一例といえるかもしれない。

ここで紹介したバッハの話も含め、本書のエピソードの数々が、読者の皆さま方にとって、キリスト教、そしてヨーロッパ文化を理解するための重要なヒントとなれば、これに勝る幸いはない。

なお、本書の再刊にあたり、わずかな箇所については、現在の表現に合うように修正をした。なにしろ半世紀以上前の記述であり、社会の価値観も変化している。そのわずかな箇所のために、この一冊のメッセージがまっすぐに読者各位に伝わらない可能性があることを惜しく思ったからである。父がどんな顔をするか知らないが、息子ながらの老婆心であり、ご寛恕いただければ幸いである。

# 西洋の本当のことはキリスト教がわからなければわからない
## ――まえがきに代えて

渡部玄一（渡部昇一長男・チェリスト）



# 第1章　犯罪国家からキリスト教国へ

## 第2章 二つの教会

## 第3章 ドイツ歳時記から

# 第1章

# 犯罪国家からキリスト教国へ

## 1　贖罪《しょくざい》の精神

「今ヨーロッパでもっともキリスト教的な国はどこだと思うか。」

多少ヨーロッパの国々を知っているアフリカやアジアからの留学生にこう尋ねると、その答えは百パーセント「ドイツである」という結果を得た。

ヨーロッパに学ぶアジア・アフリカの学生の数はかなりのものである。そういう学生の団体にオスコ（OSCO=Overseas Students Coodination　在欧アジア・アフリカ留学生機構）というのがある。発生はキリスト教的動機のものであるが、今では会員の宗教信仰を問わないで、ヨーロッパにいるＡＡ諸国の留学生の相互理解のために働く組織になっている。私はこの機関に日本人留学生代表として関係していて、いろいろの国からのいろいろな学生と知合いになることができた。その際、アジアやアフリカから見ると、西欧即キリスト教的文化圏ということになるので、上のような質問をしてみたわけである。

第二次世界大戦中、あるいは直後、日本とドイツは、世界の人々から「犯罪国家」と見なされ、そのように取り扱われてきた。それが一世代の半分も経たぬうちに、ＡＡグループの国々の留学生達が、躊躇《ちゅうちょ》することなく、ドイツをヨーロッパ第一のキリスト教国と思うと、口を揃えていうのである。

この理由に興味を持たない日本人はないはずだ。私も、いかなる点でドイツはキリスト教国という印象を我々に与えるのか、その理由をいろいろ考えてみた。

敗戦直後は、どのドイツ人も、われわれ日本人同様、大変なことをしてしまったという気持ちで、他国民による断罪を待つという雰囲気があったに違いない。しかもドイツの場合、日本のように、本心はともかく、植民地の独立というような看板さえもない、まったくのナショナリズムだったから、なおさらのことであったろう。

すなわち、敗戦直後のドイツをおおった気分を分析すると、「罪の意識」という要素が濃厚であったようである。ところで原罪から出発するのがキリスト教であるとすれば、行為の根底に「罪の意識」がある時、人々の行為はキリスト教的——あるいは宗教的——となるであろう。

私が滞在中にも、誰かドイツ人が「ナチに殺されたユダヤ人は、みんなのいうように六百万でなく、たった四百万だ」と発言したら、「たったとは何事だ」と轟々《ごうごう》たる批判がドイツ人の間に起こったことがあった。ドイツ人はナチの記憶を忘れたがっている、ちょうど普通の日本人達が戦争を忘れたがっているように。しかし彼らは忘れ切れずにいるのだ。

このような自責《じせき》の精神がドイツ人にある限り、ドイツはＡＡ諸国からの留学生に「ヨーロッパ第一のキリスト教国」という印象を与え続けるであろう。

「ところで、近年見るようなドイツの奇蹟というべき経済復興は、再びドイツ人の中の軽薄な人々に傲慢の気を起こさせ、その犯した罪を忘れさせる傾向にあります。このことはドイツ人の精神のためになによりも心配なことです。」

こう私に語ったのは、敬虔《けいけん》な一主婦であったが、同趣旨のことは、学生からも市民からも耳にする機会があった。こういう人達を「心ある人」というのであろう。経済的復興のために、その民族が傲慢になるとすれば、それは恐るべき軽薄さというべきである。ドイツ国民中の健全な分子が、この点について警告を発し続けているのは好ましいことだ。

## 2　ドイツ人の客好き

### ①―ゲルマン的伝統

古代ゲルマン民族の文化と文学の権威であるカール・シュナイダー教授のお話によれば、「客をもてなすことは、古代ゲルマン人にあっては、宗教的な命令であった」そうである。なるほど、「異国人」を示すインド・ゲルマン祖語はghostisであり、これからラテン語のhostis（敵）が生じ、また、ドイツ語のGast（客）が生じた。ラテン系人とゲルマン系人の「異国人」に示す態度を暗示する好個の例である。

古代の信仰に代ってキリスト教が入ってきたが、具体的に言うと、聖ボニファティウスに率いられたカトリック、もっと詳しく言うとベネディクト会がドイツをキリスト教に改宗させたという歴史的事実がある。ところが、聖ベネディクトの戒律の一つに（第五十三条）、「来客の待遇について」というのがあって、すべての客をキリストのように待遇せよ、と命じている。「特に貧困者と巡礼者には最大の注意と配慮を示すべし」として、修道院長と修士はその足を洗え、とまで規定している。このベネディクト会は、西欧に農耕、葡萄酒醸造などを教えた有能・富裕な修道会で、西ドイツの町には、こういう修道院を中核として生じた村から発達したものが圧倒的に多いのだから、付近の住民達は、文化程度の高い修道院の真似をすることが多かったものと思われる。かくして古代ゲルマン人の饗応《きょうおう》精神は、中世のベネディクト戒律によって受けつがれ、近代に至ったものと解釈される。

古代ゲルマン人の饗応の教義を説くシュナイダー教授自身も、その令夫人も、よく客を好まれた。コロクィウム（教授との座談討論）の時間は、自宅に学生達を呼ばれて、夕食やら飲物を出して接待される。私は特に遠来の客であったから、休暇でコロクィウムがない時も、しばしば午後のコーヒーと夕食に呼ばれた。夫人はわざわざ日本の料理の本を私に取寄せさせて、その度に異なった米飯の料理を作ってくれるという凝りようだったから、いつも恐縮したものである。夜の十二時頃まで夫妻でフリュートの合奏を聞かせて下さったこともあったし、また、週末のドライヴにもよくさそって下さった。教授自身は生まれた時の洗礼はエヴァンゲリッシェだが、これは名目だけのもので、宗教に対してはもっぱら寛容を旨としておられ、超自然があるとすれば、それはすべての民族になんらかの宗教の形で現われているはずで、特定の宗派だけに真理が示されることはないという説をとっておられた。

シュナイダー教授の場合は、このように、キリスト教と関係のない純粋のドイツ的な客を好む傾向に、異国の学生の留学が実り豊かであるようにとの人間的な暖かさが加わったものと考えられる。ところが、この伝統的に客を好むドイツ人が、キリスト教を表に立てて饗応してくれる時、アジア・アフリカの非キリスト教国からの留学生達は、これをキリスト教の愛の発現と考え、ドイツをヨーロッパ第一のキリスト教国と判断するわけである。

そして、この饗応を好むゲルマン精神と、キリスト教の隣人愛は、異国からの人々がドイツで体験しうるもっとも美しいものの一つである。私がドイツで享受《きょうじゅ》した饗応は限りがなく、今でも事あるごとに感謝と懐しさをもって憶い出す。その無数の例の中から、ここにほんの二、三の例を伝えてみたい。

## ②―マーガレット・トラッペ夫人の厚情

マーガレット・トラッペ夫人は、普通の医学部を出て国家試験にも通って、そのまま開業できる人だが、その後、令兄に刺激されて心理分析学を専攻、この分野で学位を取り、今では子供の将来の方針を決めるについての適性検査やら性格的に問題のある子供を持つ親への相談などで開業している中年の婦人である。

私はそれまで、こういう分野の個人開業医というものを実際に見たことがなかったので――T・S・エリオットの「カクテル・パーティ」などでは読んだことがあったが――、いかにも西洋らしい職業だと感心した。見ていると、すべて予約をとってやるので、その病院は込みもせず、また、薬や聴診器に頼るわけでもないので、至極快適な仕事のように見受けられた。

彼女はこの典型的に現代的な職業の閑暇を、自らの教養や社交や宗教活動に用いていた。その宗教心を示す一つの実践として、ミュンスターの大学に留学している外人の学生を、常に少なくとも一人世話をしようと決心したのである。

私が突然、見知らぬ彼女から招待を受けたのは、私がミュンスターについて十日目ぐらいの頃だったと思う。私の名前は、外人委員会からでも手に入れたものであろう。彼女はまた、韓国からの留学生（ソウル大学教授でドイツ文学専攻の人であった）を自分の家に下宿させて、いろいろ世話してやっていたが、もちろん、この韓国人はキリスト教徒でもなんでもなかったから、彼女の外人学生への奉仕は、宗教的ではあっても、宗派的なものではなかった。初めのうちは、私は時折招待される程度であったが、話し合ってお互いに啓発されることが多かったので、毎週一回、正餐に招待してくれることになった。

決められた日の十二時半頃出かけて行く。食前にヴェルモットとかリキュールを飲み、三十分くらい世間話をする。食事もその日は、私の好むものを訊いておいて、メイドに特に調理させるのである。化学の国家試験準備中の弟さんもいて、向学心が盛んで博識であったので、よく私と話しこんだ。

食後もデザートを食べながら話する。そして二時前後に、それぞれ自分のカウチに横になって昼寝する。三時か三時半頃に起きて帰るのだが、話でもはずめば、午後のコーヒーにもよばれ、ついでに夕食まで御馳走になることもたびたびあった。招待の日はいちおう日曜日と決めてあったが、お互いの都合で他の日に変更する週もあった。そしてこの招待が、私のミュンスター滞在中、約三年間、私が旅行にでも出ていない限り、毎週続いたのである。

この他、なにかパーティをする時とか、小旅行する時とかもたいてい誘ってくれたし、大祭日の時などには、かなり遠く離れた生家（そこに母と兄夫妻などがおり、その地方第一の実業家であった）に連れていって、数日を楽しく過ごさせてくれたことも何度かあった。夏休みには、丸一月いたことがある。その時は、私に一部屋と机を与えて、したいだけ勉強させ、食事の時と、午後のコーヒーと、散歩の時だけ家人と顔を合わせて話することになっていた。いわば高等食客である。もちろん洗濯物はメイドにやらせるし、劇場に行く時は切符まで買ってくれるというわけである。

一つ珍談を紹介しよう。

マーガレットさんが、婚約中の人と——彼女は当時まだ結婚していなかったから、ずいぶんの晩婚のわけだ——避暑に行くので、一ヵ月ばかり家を留守にするから、よかったらその間こっちに来て住まないか、という誘いを受けた。もちろん、彼女の家は寮の私の部屋よりはるかに広くて快適なので、私も喜んで留守居をしましょうということになった。そして私は宏大な家にメイドと二人きりで、何にもわずらわされずに、勉強三昧にひたったわけである。

ところが二、三日すると、近所の人が、トラッペさんの家は今留守のはずなのに、誰か男が入ったと怪しんで警察に知らせたのである。夜の十二時頃、警官が二人、バルコニーから這《は》い上がってきた。私は強盗かと思ってぎょっとしたが、警官の方は警官の方で、思いがけず、中には外人がいるのだからぎょっとしたわけである。メイドはちょうどその晩、生憎と伯母さんの家に出かけて留守である。緊張した顔つきで警官は尋問を始めた。

「お前は何者か。」

「ミュンスター大学に学ぶ日本人留学生です。」

「それでは身分証明書を出して下さい。それはさておき、どうしてここにいるのか。」

「身分証明書はこれです。ここにいるわけはマーガレット・トラッペ博士に頼まれたからです。」

「トラッペ博士とはどうして知合いになったのか。また、その関係は。」

「どうして知合いになったのか私にはわからないのです。それでもよく招待されて来ています。トラッペ博士との関係は主人と客の関係です。」

どうして知合いになったのかわからない、と答えたので、警官の方はいよいよわからなくなってしまったらしい。トラッペさんは、私の名前を大学の外人委員会からでも訊いたと思うのだが、私は詳しいことは知らなかったので、知らない、と答えたのである。「関係」に至っては、ますますもって警官には不可解になったらしい。二人でしきりに「怪しいぞ」と言い合っている。それでいろいろな質問を、入れかわり立ちかわりたたみかけて、しきりにメモにとっている。私はといえば、大きな机の上に、参考文献を山と積み上げ、ノートを開き、パジャマを着て勉強したままの姿勢で、悶々として椅子に腰をかけている。前に立っている二人の警官は、堂々たる体格をしてピストルを持ち、ただならぬ様子で鋭い尋問をしてくるのだ。第三者がこの様子を見たら、さぞおかしくて吹き出すだろうと思ったら、ひとりでに頬の筋肉がゆるんできた。

「そんなに不審でしたら、トラッペさんのお母さんの所に、長距離電話を掛けたらよいでしょう。番号はここにあります。」

私に知恵をつけられて、「なるほど」といった調子で、警官のうちの一人が隣室に電話を掛けに行った。しかし間もなく、電話で事情がわかると、「失礼しました」と詫びを言って帰って行ったが、あとでトラッペさん達が帰ってきてからも、大笑いとなった。

これは珍談に属する方であるが、私が病気になった時のトラッペさんの親切は忘れられない。

多少無理が重なっていたところへ、雨に濡れたままにしていたので、すっかり風邪を引いてしまったことがあった。往診に来た医者がすぐに入院の必要があるという。ドイツではどういう習慣か知らないが、風邪を引いたくらいで入院というのも大ゲサだと思って、保険証はあったのだが断った。するとこの医者がトラッペさんと知合いだったものだから、彼女の耳に入った。すぐ電話があって、家にきませんか、というわけである。私はこの親切な申し出を喜んで受け、回復するまで彼女の家に引き取られることになった。

病気中は、母国のものを食べたいだろうからと言って、十日ばかり御厄介になっている間、いつもメイドに、わざわざ御飯を炊かせてくれたのは感激の至りであった。しかしこのメイド——ギズラという、ドイツ人には珍しく小柄で細い娘であったが——は、シュナイダー教授夫人と異なって、日本式の米の炊き方を知らず、水気があり過ぎてびじょびじょか、芯《しん》があるぼろぼろ飯かどっちかであった。これは米をあらかじめ水にひたしてから炊くことや、火の強さを途中でいろいろ変えることを知らず、いきなり米に水を入れ、初めから終わりまで同じ強さのガスにかけっぱなしにするからだとわかったので、米の炊き方の要領を教えてやった。私は米の炊き方だけ、トラッペ家の台所に貢献したことになる。

## ③―ヨハネス氏との議論

トラッペさんの令弟ヨハネス氏は、学生の時に戦争にとられ、西部戦線で捕虜になり、イギリスの収容所に入って、戦後復員、姉のマーガレットさんの所に住みながら、化学の国家試験の準備をしていた。

化学の話をする時でも、彼はこれを単なる科学としてのみ語らず、哲学的な見方を入れようとしているので、文科の私にも面白い。たとえば、ある有機化学物質の表記法が十いくつもあること、そしてそのいずれも、それぞれの場合においてその物質の正しい性質を示すこと、そしてこのことはつまり人間の認識能力（純粋哲学の認識論の意味での）の問題であることや、ある数の二乗は面を、三乗は立体を表わすことが知られるが、これの何十乗と言った場合、何を意味するのであろうか、などという問題を持ち出してくる。そして彼の主任教授クレム博士の言を引いて、真の化学者には、古典（ラテン、ギリシアの）哲学の勉強が本質的に重要であることなどを主張する。

ヨハネス氏は、少年時代、はるか南ドイツのイエズス会のギムナジウムに何年かいて、主として古典語教育を受けたが、化学をやっている今でも、そのことを大いに喜び、かつ誇りにしていた。

ヨハネス氏と私は話が合って、「知能の発達に及ぼすラテン語の影響」などというのを、大いにディスカッションしたものである。結論は、古典語教育に対する多くの反対にもかかわらず、ラテン語を知っている者の方が平均して、なんとなく優れているというようなことだったと思う。夏休みなどに、彼は私の言語学の本を持ち出して読んでいたが、フンボルトに感心して、大いに議論をもちかけてきた。彼はカトリックであったが、ルターのためにドイツに公衆浴場がなくなったのは惜しい、というような、ユーモアの限界をこえぬ程度においてプロテスタントを批判した。

学業も優秀だった彼は、間もなく化学の国家試験にパスした。いわゆるデプロム・エンジニアという高級なもので、この肩書を持って正式入社すれば、初任給が日本円に換算して十万円程度〔昭和三十年頃〕になろう。この上に学位試験《ドクター・エクサーメン》があるのだが、これにはまた数年かかるし、戦争のため年をとってもいるので、それを取る意志はないと言った。しかし原因はもっと手近なところにあるのではなかろうかと私は推測した。すなわち、ヨハネス氏は、間もなくドイツ文学を専攻していたフランス婦人と婚約したのである。この婦人はドイツ語は達者だが、ヨハネス氏はフランス語に弱いので、フランス語講座に通いはじめ、その他にデートの時間もあって、彼は大いに多忙になってきた。この婦人は明朗な、気のいい人であり、その顔が、女優ダニエル・ダリューそっくりだったので、私はヨハネス氏には「君のダニエル・ダリューはね」というような表現を用いたものである。二人は婚約後間もなく結婚、独仏国境の町に定住していたが、ついにお訪ねする機会がなかった。

### ④―エリザベートさんとの「禅」問答

マーガレット・トラッペさんの姉さんは、エリザベートといい、ドイツ文学を専攻し、学位論文を書いている途中、指導教授が死亡し、かつ婚約者も戦死したので、以来ずっと実家に帰っておられる。

マーガレットさんが復活祭の休みに私を連れて行ってくれた時に知り合ったのだが、その後、彼女がリーダーになっているグループのために話を頼まれたりしたので親しくなった。ミュンスターに出てくると、マーガレットさんは、いつも電話をくれて、姉さんが来ているから話しにいらっしゃい、と言ってくれたものである。エリザベートさんは、ドイツ文学の中でも――元来ドイツ文学者には哲学的な人が多いようであるが――特に思想的な面を研究していた。ヘルダーリンを哲学的に取り扱うのが専門だったとかで、宗教、哲学一般に対する興味が旺盛であった。

「東洋的なものには、我々、西洋人の持っていない、深い瞑想的なものがありますね。禅《ツェン》というのはドイツでも有名です。」と彼女が言ったことがある。このようなことを言うドイツ人に会ったことは何度もあるので、別に珍しいことではなかったが、彼女はディスカッションを好むうえに、快適な話し相手でもあったので、日頃考えているところを述べて彼女の意見を否定した。

「私は、そういう直観的な認識や、深い瞑想性が、東洋独特なものとは思いません。西洋の中世にも、人間の我《が》を罪と考えて、これを放棄せよと教えたマイステル・エックハルトのような人もいますし、近世初期の神秘主義者の多くも、禅のように、心頭滅却しての悟達を説いています。そして今でも多くの観想修道会では、禅寺に劣らない高度な瞑想をやっていると思います。もし貴女が、東洋思想のような強い瞑想性が西洋文化にないと言われるならば、それは西洋の中世や、いろいろな修道会、聖人の事蹟を知らないということを意味するのではないでしょうか。」

この私の反駁に対する彼女の答えは、まったく私の意表に出たものであったから、特筆大書を要する。

「実は私もそれを知っております。しかし私どもは、東洋人と話す時は、その瞑想的な宗教を讃えるように教えられております。それでも、貴方と話す時にはそうする必要がないとすれば、私としては非常に話をしやすくなります。」

いろいろ聞いたところを要約してみると、東洋人と話をする時のエチケットとして、東洋人の瞑想的な宗教でもほめておけ、ほかにほめてやることはないんだから、ということである。考えてみれば、なるほど、我々の今日の生活のあらゆる部面まで浸透している自然科学、社会科学、人文科学は、残念ながら、元来はみな西洋のものであるから、西洋人がほめるわけにはいかない。近代化ということは要するに西欧化ということであるし、共産主義も西洋産だ。芸術となると、各国の特長があるから、ほめることができようが、それには相当詳しい専門的な知識が要る。日本に美しい絵があることを知っていても、それを浮世絵と呼ぶことを知らなければならないし、また、その作者の名前まで知るとなると、我々がミケランジェロやダ・ヴィンチを知っているところまではいかない。他の東洋の国々の画家や作曲家は、同じ東洋人の我我もそう多くは知っていないのだから、普通の西洋人の場合は推して知るべしである。西洋音楽でない音楽というのは、たいていの西洋人の耳には、ちょっと珍しい音といった程度にとどまる。だから東洋人と会ったらその宗教でもほめておけ、という工合になるらしい。

実際インド人などは特に喜ぶし、喜べば傲然《ごうぜん》と一席ぶち、高度の瞑想と人類の平和はインドでなければできないようなことを言う。聞いていて気持ちのいいものではないが、それをいちおう感心した表情をして聞いてやるのがこの頃のインド人に対するエチケットになっている。なにしろお客様だ、というわけだ。

宗教をほめられてきょとんとするのは、宗教に無関心なことでは世界の最高水準をいく日本人くらいということになる。ところがその日本人もしばらく西洋について禅宗《ツエン・ブディスムス》をほめつづけられると、いい気になって、西洋にきてから初めて鈴木大拙著の岩波新書くらいをよんで、「日本の禅の特質と文化に及ぼした影響……」などとしゃべりはじめるから、すこしにがにがしい、と私は前から思っていたのである。エリザベートさんの言葉は、私に西洋人の「本心」を覗かせてくれた点できわめて有意義であった。

エリザベートさんは、こんなことから、私が無理にほめてもらわなくてもよい東洋人であることがわかったので、種々の問題をざっくばらんに話し合うようになった。

「日本人は、自分達も無関心になってきている宗教をほめてもらうよりは、近代的産業の発展をほめてもらった方が喜ぶでしょう。」

これに対して彼女は、こう答えた。

「その事実は西洋人はみんな認めているでしょうが、日本人に向かってはあまり言いたくないと思います。元来が西洋の真似ですし、実利と関係あることですから、不愉快になることが多いのでしょう。」

トラッペ家は元来、繊維業と関係があり、マーガレットさんやエリザベートさんの令兄も手広くやっている。だから、商売仇としての日本の話も耳に入っているに違いないのだ。だから不愉快になる可能性のある話題を持ち出すのは、客をもてなす道ではない。さしさわりのないところで宗教（特に禅宗）、あるいは特攻隊の勇敢さでもほめておけ、ということであった。

## ⑤――宗教のバックボーン

トラッペさん姉妹の母なる人は、もう高齢の方であり、学歴は小学校を出ただけということであったにもかかわらず、人間の自由意志と宗教の問題などを論じたりすると、実に明晰な意見をのべた。普通の日本人大学生なら、どうにも歯がたたぬくらいの堂々たる論理である。しかも、それが借り物でないことはよくわかるのだ。

別にこれといった学校教育のない家庭内の婦人をして、このような老齢に至るまで、若い私を驚かせるほど生き生きとした哲学的興味を保持させ続け得たものは何であろうか、と疑いたくなるのは当然である。そしてこの婦人が、いわゆる文学夫人やサロン夫人ならともかく、家事に精励な人なのである。これはトラッペ老人に限らず、今までふれる機会のあったウェバー夫人、シュマーレ夫人、ミュラー夫人などに共通なところである。メイドがいてもいなくても、朝はベッドの整理から、料理、食事の後片付け、その他の家事一切に至るまで、男がいても決して手伝わせない、古い日本の婦人によくある型の人たちであった。私はその家事的エネルギーと思弁的エネルギーの両者が、よく失われないで共存している様子を不審に思わざるを得なかったものである。

そこで、この尊敬すべき婦人達に共通する要素を探り出してみよう、というのが私の関心となった。そうした観察の結果、この人達は、みなが、カトリックであるにせよ、エヴァンゲリッシェであるにせよ、非常に敬虔な信者であるということがわかってきた。どうも彼らの宗教というものは、単なる哲学的興味とちがって、年とともに減少することがないものらしい。学生時代に西田幾多郎の「善の研究」を繙《ひもと》くが、卒業後には絶対開かないというような、青年時代の一時的な知識欲とは違った、心の底からなる人生観的関心がひそんでいて、それを持ち続けたまま世界に対しているのではないか、というのが私の想像である。デュッセルドルフで親切にしてくれた日本の商社の方が、「西洋のことは、いろいろ解ったようでも、彼らの宗教がわからないものだから、本当のことはどうもわかりませんね」といっておられた。この方は「西洋の本当のことは宗教がわからないからわからない」という結論を得られたことで、すでに日本人の西洋理解の盲点を示されたと思う。そして日本の西洋史を学ぶ者も、このような実感に達していたならば、我々の西洋理解は質の向上を見るのではなかろうか。我々が学校で習った宗教といえば、キリスト教の出現、暗黒の中世、十字軍、宗教改革とそれにメイ・フラワー号の人達程度で、近代、現代ではどこにも現われてこなかったような気がする。

## ⑥——「客になる」こと

トラッペ家と私との関係は、ひょっとしたら、特殊例のように思われるかも知れない。「三年近くも、最低毎週一回招待したうえに、時々一月も滞在させてくれるというのは、客を好むドイツ人のうちでも例外なのではあるまいか」という疑問が出てくるかも知れないから、必ずしも例外でないことを示すために、もう一つだけ例をあげておこう。

テオドル・シャイベ氏は、当時、ミュンスター地方のロータリー・クラブの会長であり、私もここで氏夫妻と知合いになったのであった。その後、時々招待される機会があったが、五月頃のことだと思う、私はちょっと病気したあとだったので、顔色が悪かったらしい。それを見て、夫人が食事が悪いのではないかと、いろいろ心配され、こう言われた。

「こんな事を申し出て失礼かも知れませんが、気を悪くしないでお聞き下さい。学生はどうしても食事が不注意になりがちで、そのために体をこわしたりすることがあると思います。少なくとも一日一回は非常によい食事をとる必要があると思います。メンザ（大学の学生食堂）で食べるよりも、私の家に来てお食べになってはどうでしょうか。毎日食べにいらっしゃるのは厄介とお思いになるかも知れませんが、食後はお引き留めしたりなどいたしませんから、お済みになったらすぐお帰りになってもよいし、また、時間がある時はゆっくりしてゆかれるようになさったらよいと思います。」

　私はこのあまりに親切な申し出に当惑したが、再三のおすすめもあることだったので、毎夕食はシャイベ家で御馳走になることになった。当主が狩猟好きなので、その獲物の雉《き》子《じ》や猪などよくいただいたが、こんなのをレストランで食べたとしたら大変高価なものだろうし、また、普通の店ではやってないのである。そしてこの豪華なパトリツァ的饗応が、この日から、私がミュンスターを去る日まで、丸一年半ばかり続いたのである。

この頃の私は大学の比較言語学研究所に小さなポストを得て、ささやかな月給（これは奨学金とは別）と週日の昼食はここから支給されていたし、日曜の昼食はトラッペ家、それに夕食は毎日シャイベ家というわけで、ミュンスターにいる限り、食事に頭を悩ますことはまったくなくなった。朝食は、どうせパンとバターとチーズとジャムであるが、それもかつて招待してくれたいろいろの家庭で、日本では見ることできないようなチーズの大塊や自家製のジャムの瓶詰、粉ミルクの大罐を絶えず下さるので、まったく買う必要がなかった。そして私が旅行する時は、招待して下さる家庭にお電話し、帰ってきたらまた連絡するということになっていた。

このことは、物質以外にもいろいろな利益を私に与えてくれた。まず第一に健康のいちじるしい改善で、身長ものびて、行く時持っていた着物はみなちんちくりんになった。日本で大学院を終えた年頃の男が、肉体的に成長することは稀有のことに違いない。また、毎日ドイツのいい家庭に出入りするので、習慣、言語に習熟する機会に恵まれたこと、その家の人達と家族同様になり、その生活感情を追体験することができるようになったこと、また、それらの家の知人とも知合いができて知己の範囲が末広がりに拡大したこと、また、必ずしも豊かならざる奨学金を食費に使うことなく、もっぱら学問と教養のために使うことができた、ということなどである。

私は留学中、闇ドルのようなものは一文も送ってもらったことはないが、この頃にヨーロッパに留学した学生で、私のように古本を買い、マイクロフィルムをとり、広く旅行し、よくコンサートなどに出かけた者は少ないと思う。これは奨学金が生活費にくわれなかったことが一つの大きな理由である。

そして「客になる」ということは「下宿する」ということとは違って、経済的関係でなく、全人間的な関係であるので、私の人間にもよい影響があったようである。人間が、心から感謝したくなる機会を、こんなに多く与えられることは、なんと素晴らしいことではないだろうか。

休暇とか週末になると、今あげた家庭とは別の家庭から招待が集中して、どうして相手の感情を害することなく断ったらよいか苦労したものだ、と言っても少しも誇張にはならない。「勉強さえ忙しくなかったら、もっと多くの知人を得ることができるのに」と思うことしきりであったが、私がドイツの家庭に歓迎される最大の理由は、日本人であること、しかもまじめに勉強する留学生ということなのであったから、これは仕方のないことだと諦める。

このようにして、私は最高の社会階級から最低のところまで、カトリック、プロテスタント、無神論者と、日本にいては決して知合いになれないような種類の人々と、また、その家庭と知合いになった。そしてこれらのドイツ人に一貫した特色は、「心から客を愛する」こと、そして客を持つことは近所の人や知人に誇りになるということであった。私はドイツを去る日が近づいた時、機会あるごとに私の饗応者達に言った――、

「私は将来、どんな運命におかれることがあっても、ペシミストやミスアンソロピスト（人間嫌い）には決してならないでありましょう。何となれば、青年時代において、このドイツの国で、見知らぬ人々にこのように暖かくもてなされたことは、決して私の記憶から消えないでありましょうから。」

私は宗教的には敬虔でない人達からも、客として手厚く遇されたから、ドイツ人のこの性質は、必ずしもキリスト教のみから出ているとは思われないが、宗教的なドイツ人自身は、客を遇するのは、キリスト教の愛の実践と考えている。

宗教が、客に対する態度にマイナスの影響を及ぼした例として、あるドイツ人が、カルヴィン派をあげているのを聞いたことがある。ジュネーヴなどの住民が、外人学生を家庭に招待することがほとんどないのは、この宗派が、伝統的愛客の精神を抹殺してしまった

ためだという。このカルヴィン派はドイツでは栄えなかった。

カトリックは元来包容的な宗教で、また、宗教改革で出てきたルター派も、カルヴィン派とは異なり、ゲルマン古来の客を好む性質を害する方向には働かなかったようである。

要約して言えば、ドイツにおいては、古代ゲルマン人の宗教的饗応の精神は、中世のカトリック、特に「饗応」を律法の一つに数えるベネディクト会によってさらに培《つちか》われ、宗教改革の嵐によっても損われずに、今日まで生き残ってきた、ということになろう。

### ⑦—外人留学生へさしのべられる手

この客を好む精神が、アジア・アフリカの留学生達に感銘を与え、彼らがドイツのキリスト教精神に感服するようになった例を、二、三紹介してみたい。

私のいた学寮に住んでいた韓国人の留学生は、ドイツに来たばかりのこととて、招待してくれる知人もなく、さびしい冬季休暇を迎えようとしていた。それを知った同じ寮にいるドイツ人学生が、自分の家に招待して、クリスマスもそこで過ごした。それでその韓国からの学生は痛く感激した。そしてその感激を、私に次のように語った。

「私は今、特に宗教を持っていないが、将来、なんらかの宗教に入るとすれば、キリスト教にしたいと思います。隣人愛というものがキリスト教者の間では生きているのを見たから。」

一回招待されて入信を思い立つとは軽薄千万と言うなかれ。異国にあって、見ず知らずの人を半月も厚く饗応してくれる家庭にめぐりあい、そこの家庭の人生観、つまり宗教が、これこれと聞かされれば、それに関心を持つのは当然だからである。彼は決して軽薄なタイプの人でなく、年齢も四十を過ぎ、妻子のある大学の先生だった。

また、カトリックの神学生達は、特に家庭の事情に差支えのある者を除いて、クリスマスの休みには必ずマホメット教国からの留学生を一人以上連れて行くように、司教に命ぜられていた。エヴァンゲリッシェの方でも似たようなことをしようと努力していたようである。その理由は、今、キリスト教に積極的、戦闘的反感を示している宗教はマホメット教くらいのものであること、そしてマホメット教徒というと一般人は怖れて家庭に入れないこと、そのため回教国からの留学生は――その数は相当なものである――西欧のもっとも汚ない面しか知る機会がないため、故国に帰ると、しばしば徹底した反西欧主義者や西欧軽蔑者になってしまうことが多い。信仰を異にするとはいえ、これらの留学生達が、クリスマスなのに、ろくでもないところにしけ込んでいるのは、あまりにも残念だ、というのがその主旨であった。

それだから、マホメット教徒を家庭に連れて行くと言っても、キリスト教徒の宣伝をやるわけでもなく、酒場以外の西欧を異教徒に見てもらいたい、というわけなのであった。このために初めて、マホメット教徒もまともな西欧の家庭に触れる機会を得て、今までの極端な偏見を捨てるに至った例も、私はいくつかあげることができる。もちろん、だからといって改宗するわけでもないのだが、親西欧的になったことには間違いがない。

私の関係していた留学生連盟（ＯＳＣＯ）でも、いろいろな親睦と教養を兼ねたヨーロッパ旅行を試みたが、ドイツが一番実り豊かであった。こういう旅行を計画すると、各国にそれ相当の「機関」があって、親切に援助し案内してくれるのだが、何日滞在しても、そこの国の庶民の家庭と知り合う機会には恵まれないのである。しかしドイツでは、こっちで頼むと、しばしば庶民の家に分宿する世話をしてくれて、旅行が終わってからも、泊めてくれた家庭と留学生との間に文通があったりする。また、分宿させてもらった場合は、宿泊費も不要になるから、経済的にも助かることになる。留学生というのは、どっちみち故国を遠く離れて来ている者達だから、出先で旅行したからといって、それほどの感激があるわけでもない。しかし旅行の途中で個人の家に泊めてもらって、一夜、あるいは二夜をその家族と共に過ごしたとなると、今まで外から眺めていたレストランのショーウインドウの中の御馳走を、実際、手にとって食べたようなもので、まるでその土地についての解り方が違うのである。

われわれOSCO《オスコ》の旅行には、イギリスやオランダやフランスに留学しているアジア・アフリカの留学生が少なからず参加していた。ところが、それらの人の話を聞くと、驚いたことには、何年もその国に留学していながら、学校と下宿とレストランと名所と、まあ要するに、金を出せば誰でも行ける所か、同国人の集まる所くらいしか知合いがなく、個人の家で客として過ごしたという経験を持ったことのない者が、意外に多いのである。そしてOSCOの短い旅行中、ドイツに入るや、このドイツ的「饗応」を受けて感激し、次の学期からはドイツに移ってくるという例が続出する。また、ドイツの大学に転学したくても、奨学金その他の関係でできないという人が少なくないようである。

アジア・アフリカの学生にとってドイツが快適だという理由は、ドイツ人の客好きと関連して、今のドイツの世代が、植民地の経験を持っていないということに関係があるかも知れない。イギリスやフランスなどの旧植民地所有国家は、なんとしても、有色人を植民地人と考える癖があるし、また、第二次大戦後、植民地が次々と独立したことも腹立たしいことであるらしいし、また、自分達の植民地政策を悪いことだとは思っていなかったし、今でも思っていないのである。私はこの事をイギリス人達と論ずる機会があって、彼らの信念に驚いた。ところがドイツ人達だけは、心の底から西欧の植民地政策を憎んでいる。これは、自分達の国だけ植民地を持っていなかったという、羨望にも似た気持ちにも関係があるであろう。理由はともかく、植民地政策を憎む——しかもキリスト教の名で憎む——というのは、またそう公言できるのは、ＡＡグループからの留学生を多く持つ西欧の国の中では、ドイツくらいのものである。

このようなわけで、ドイツ人が西欧の旧植民地政策批判をするのを聞くと、ＡＡ諸国からの留学生達は、「ドイツこそ西欧第一のキリスト教国」と思うのである。ナチスの残虐などは、ＡＡ諸国からの留学生にとっては、どっちみち関係のなかった話だから、実感がない。実感のあるのは植民地問題のみである。ドイツでは、ＡＡグループ諸国からの留学生達が会を作って活発に活動することをすすめるし、また、時には経済的援助さえしてくれることもある。

## ⑧——二種の「饗応」

OSCO《オスコ》の会でアーヘン市（ベルギー、フランスに接するドイツの都市）に集まったドイツ、オランダ、ベルギー、フランス、イギリスなどの諸国に留学しているアジア・アフリカからの学生達は、ドイツでもっとも美しい地方の一つであるアイフェル地方を貸切りバスで遊覧し、最後にルール工業地帯の中心地エッセン市に着いた。ここでクルップの工場を見学させてもらったりして、夜は市当局の計らいで、エッセン市中の、キリスト教的愛から外人を宿泊させてくれる家庭に分宿ということになった。

私はこういう場合の古代ゲルマン以来の饗応精神を知っていたから、さまで驚きはせず、感謝をもって泊めてもらった。ところが他の諸国から来ていた諸君は、ショックなほどの喜びようであった。

ロンドンから来たガーナの黒人学生は、私が泊めてもらった宿の、すぐ近くの音楽教師の家に宿泊した。ここの家には美しい年頃の娘さんが三人もいた。このガーナ人はドイツ語を解せず、ここの家庭の人達は英語を解さなかった。しかし、好意と感謝の念は通ずるものである。夜は家族一同で歌ったり、レコードで娘さんとダンスをしたそうである。翌日この娘が近所の友達に、黒人とジャズを踊ったらまったく素晴らしかった、と自慢しているのを聞いた。また、この黒人学生が、その後私に、この晩が彼の滞欧何年かの中で、もっとも楽しい経験だった、と語った。旅行中の見知らぬ黒人学生を、キリスト教の隣人愛の名で快くもてなすことは美しいことだ。生まれて初めてヨーロッパの良家の子女と、家庭内で大っぴらにダンスをした黒人学生の身にもなってみれば、その感激の程も察せられるというものである。

私の宿には、二人の娘と一人の小さい男の子がいた。一番上の娘のマルゴートは、日本流に言えば高校一年くらいである。音楽教師志望でピアノを能く弾いた。ここの主人はこのマルゴートにウィーン・ワルツを弾かせ、次の娘レナーテと踊ったらどうだとすすめた。私も遠慮はしなかった。

私の宿の主人はクルップの職工である。クルップの従業員をクルッピアーナーというが、これは日本《ヤーパン》にすむ人を日本人《ヤパーナー》と言うが如しである。クルップはまことに一つの王国である。クルップは株式会社でないから収入は公表しないことになっているらしいが、社会政策的な面では、戦争前から思い切ったことをやっているようで、工員アパートでも、各戸に別の入口がついているといったようなセンスも用いている。戦後のものはもちろん素晴らしい。主人から、従業員としてのクルップの話を聞いたことは、会社側の話とはまた別な面白さがあった。

夜には我々も家族揃って夕の唄など歌ったが、私は言葉も唄もできるので喜ばれた。ワインの瓶が何本か並んだ。その家族の人も、私も、床に就くのが惜しいような気がした。「こういう晩に眠るのはもったいないよ。いつでも眠れるからな」と主人は上機嫌である。結局、三時頃までみんなで話しこんだであろうか。

さてエッセン市当局は、我々無冠の留学生を歓迎するために、市のホールで晩餐会を開き、市長も臨席した。我々を分宿させてくれた家庭の人々も招待された。我々もその厚意に応えるために、各国の学生がお国振りを示す隠し芸大会をやった。出演する外人学生の総勢四十数人、国籍でいって二十ヵ国に近かったのであるから、まったくのヴァラエティ・ショーで、ちょっとよそでは真似のできない内容の豊富さである。私も沖縄民謡を歌った。経験上、「荒城の月」などは西洋的だと言われるし、さりとて「佐渡おけさ」などあまり日本的なのは奇妙に思われるだけだし、沖縄のものが古いイタリア民謡に似ているといって一番喜ばれることを知っていたからである。楽しい、国際的な夕であった。

私はこの家を辞してから、エッセンのロータリー・クラブの会員デンクハウス氏を訪ねた。氏とは前にエッセンに来た時知合いになり、泊まったことなどもあったので、ＯＳＣ

Oの連中とエッセンに来た時、電話しておいたのである。ここでもまた、盛大な歓迎を受けて帰った。

クルップの職工が宿を提供してくれたのはキリスト教的愛からである（と彼と彼の家族は信じている）。デンクハウス氏が私を饗応してくれたのは、いちおう宗教とは関係のない、ゲルマン的饗応の精神である。私はエッセンという西ドイツの工業の心臓部で、二種の異なった種類の、しかも現象的には同じように見える饗応の精神に触れる機会があった。

# 3　教会の実力

## ①——経済力の基礎

アジア・アフリカからの留学生が、なぜドイツを西ヨーロッパ第一のキリスト教国と断言するかについて、もう一つ付随的な例をあげておきたい。それは日本では、全然想像もつかない、ドイツの宗教界の思想的、経済的、また、人的な実力である。

まず解りやすいところで、その経済的実力から入ることにしよう。

イギリスを旅行した人なら、名のあるカセドラルには、必ず寄付を求める広告が立っているのを見かけられたことがあるであろう。「このカセドラルは修理費これこれポンドを要す。今まで集まった額これこれポンド。乞う扶けよ。ビショップ某々」といった類のものである。これに反してドイツでは、破壊の程度がもっとずっとひどかったに違いないのだが、一つもこのようなものを見たことがない。それどころか、どこにもかしこにも、素晴らしい教会やドームが建てられている。しかも古い教会の建て直しの時には、機械が用いられず、すべて手の細工のみであるから、人件費も大変だろうと思われる。日本でも神社仏閣は、戦後の寄付では苦労したはずだが、西ドイツではどうしたのだろうか。

簡単に言って、ドイツの教会建築の復旧新築がまったく目ざましいのは、一にかかって、アデナウアー政府（一九四九―一九六三）の教会政策（政策という言葉が正しいかどうかは別問題として）によるものである。すなわち、ドイツ人は所得税の九パーセント、一割近くを教会税《キルヘン・シュトイア》として、教会に納めなければならないのである。「俺はどの教会にも属していないんだ」という人はどうなるかといえば、文化税《クルトア・シュトイア》として、やっぱり自分の所得税の九パーセントを国に納めさせられるのである。そして、この教会税の使途は各司教に委ねられる。司教というのは選挙制でもなく、政府の交替とも関係がない。そのうえに、まず第一に精神的な権威があるわけである。これだけの経済力の裏付けをもち、さらに精神的な支配力をもっているドイツの司教の権威というものは途方もないものであって、それに相当するものをもたない日本人にはぴんとこない。

経済的なことを言えば、この他に毎日の喜捨がある。特にカトリック教会は出席率がよいから相当なものである。そしてこれだけの収入は、主として教会活動、つまり慈善、学校教育、社会教育、布教等の目的に使用されるわけである。

ドイツへ来てから間もなくの頃、ある人の取計らいで、私はミュンスターの司教と私的な食事を共にしたことがある（正確には、共にする光栄を与えられたことがあるというべきであろう）。

食事は簡素なものであったし、まだドイツの司教の権威というものをよく知らない時だったので、日本にいた時普通の聖職者に対するような工合で話した。相手に呼び掛ける時も、エクセレンツ（猊下《げいか》くらいのところか）という言葉の使い方を知らなかった。ついでにドイツ語では、ローマ法皇がハイリッヒカイト（聖下）、枢機卿がエミネンツ（猊下）、大学総長がマグニヒシェンツ（閣下）、大学の学部長がスペクタビリテート（閣下）と呼ぶことをあとで習った。

ところが、エクセレンツなるミュンスター司教と同じテーブルで食事をしたという話を、他の学生や家庭人にすると、電気にうたれたような反応を示すことにだんだん気がつくようになった。また、司教が大学で話すとなれば、学生が集まり過ぎて講堂に入りきらないから、特別に選ばれた者だけということになる。私などは外人学生だったから、頼んだら簡単に入れてもらえたが、これを他の学生がしきりに羨み、どんなことを話したか聞きたがるのである。なんでも、司教の話を聞いたと言えば、帰省した時、自慢の一つになるらしい。これが一般の善男善女の話でなく、学問の国ドイツの官立大学での話である。

このようなことを知るにつけても、ドイツ人—教授、学生、一般知識人も含めて——の頭の中にある宗教というものの力は、ちょっと我々には想像がつかないものであって、この背景をぬきにしてドイツ思想を研究しても、実体を見ずに影を追うようなことになるのではないかと推察された。

前に紹介したことだが、トラッペさんの留守番をしていて警官に踏み込まれた時、トラッペさんのお母さんの所に電話してもらった。その時、トラッペ刀自《とじ》は、私の身分を説明して、「その方はエクセレンツと食事をしたこともある方です」と言ったら、警官の方が大いに恐縮していたと、あとで教えてくれた。司教の威厳というものはまったくそのように大したもので、民衆の反応という点からいえば、戦前の皇族的なところがちょっとあるようである。

私もドイツの社会における司教の威光がわかってきてからは、「司教と食事をしたことがある」などとは、なるべく言わないようにするようになった。初めは、こういうこととは知らないものだから、食事の時など、「貴方も閑《ひま》がおありの時は日本にいらっしゃるといいですね。私が案内しましょう」などと司教に向かってぬけぬけと言っていたわけで、同席の人はさぞ冷汗を流したことであろう――と、これは後で想像したことである。

## ②――新しい村《ジードルング》

さて、この教会の経済力が具体的にどう現われているかの一例をあげてみよう。前の項で例をカトリックの司教にとったから、ここではエヴァンゲリッシェの例をみることにする。

東ドイツおよびポーランド占領地区からの避難者は五百万を越え、その後も、月に数千人は逃げてきていた。これらの人を受け入れることが、広くもない西ドイツの戦後最大の社会問題の一つになっていた。そしてそれにも教会は一役買っているのだが、一役買うといっても、寄付を集めたり、援助物資用の古着を集めたりするのとはケタの違ったやり方である。たとえば、広大な森——果て知れぬような森が国中いたるところにある——を買取り、これを切り開いて一大村落を作ることなどである。

ミュンスターの近くにもこういう新設村《ジードルング》があって、私も他の国々からの留学生やドイツ人の学生達とピクニックがてらに訪ねたことがある。総勢五十人くらいだったろう。五月晴れの日曜日のことである。前から連絡しておいたので、案内の人が出迎えてくれた。

「世俗的な国家がやる福祉事業よりも、もっとよいものが教会はやれるはずだ。こういう確信からこの仕事は始まりました。」

案内人のエヴァンゲリッシェの婦人は力をこめて語り出した。

この村は元来がエヴァンゲリッシェ教会の設立によるものであるから、村の住民は主として新教徒であるが、カトリックもいくらかいるから、村の中には二つの教会がある。新設村の教会といえばつつましい小さなものを連想するが、東京でいえば四谷のイグナチオ教会に近いくらいの大きさの、堂々たる近代建築である。この住民の信者の比率からみて、カトリック教会の方ははるかに小さいはずなのに、教会の大きさが違わないのはどうしてだろうという算術的疑問を起こして案内の人にきいたら、教会への出席率が非常に違うのだそうである。

動機が宗教だから、共同体の中心はどうしても教会である。案内人も、その案内を教会から始める。私には、アメリカに最初に移民してきた人達もこんな工合だったんじゃないかと想像されて面白かった。宗教の旗印の下に、まったく新しい村を創設するという雰囲気を知る機会のなかった私には、何から何まで示唆的である。

さて村そのものについて言うと、日本式に家がかたまっておらず、果てしないと思われる森に縦横の道路があり、そのところどころに家があるといった工合である。こういう村のあり方はいわゆるザクセン風だなと了解する。一千九百年も前に、古代ローマの史家タキトゥスがゲルマン人について「彼らはその住居が互に密接していることに堪えることができず……村を設けるに我々の如くに家屋を接続し合着せしめる様式に依らない……」(田中・泉井訳『ゲルマーニア』岩波文庫)と言っているのを思い出す。南ドイツなら別の作り方になっただろうが、同じドイツでもライン川以北ともなると、ローマの影響が村の生活にまではついに浸透しなかったんだな、とどこかで読んだ記憶をたどる。

各家庭一戸建て、二階ないし三階で地下室があり、各部屋ともスチーム暖房、学校も東京のモデルスクール級の立派なもので「村の分教場」なんかを想像してはいけない。ボートを漕ぐことのできる池を真中にした小公園もあり、水鳥がたくさん泳いでいる。こういう森の中にいながら、しかも公園があるとは……、ドイツ人は自然に、特に樹木に恵まれた国民だ。

それから孤児院があった。東ドイツ、ポーランド、チェコから引き揚げてきたドイツ人の中に孤児が多いのは当然である。

「ここの子供たちは、小さい時からいわゆる家庭を知らず、犬ころのように放浪ばかりして生きてきたのです。ここに落着いてからも、食物をテーブルで食べることを知らず、すぐ外に飛び出して藪の蔭にかくれてしまうのです。それから大きくなった子でも言葉を知らないのが多いのには困りました。何語も通じないのです。叫び声を出すばかりでしたが、今では喋れるようになりました。十六歳の少女で今小学校二年生の子もいます。」

こう語るエヴァンゲリッシェの修道女の顔はしだいに紅潮し、話にだんだん熱が入ってきた。東部戦線は六、七年も戦場であり、さらに戦後になってからも、西部戦線の場合のように秩序の回復がすみやかでなかったから、悲惨な目にあっている。しかも生まれた時からまともな生活というのは少しも知らないわけである。だから十七、八歳になっても、普通の子供なら幼稚園でやる小児用の遊戯——砂あそび、ままごと、積木など——に夢中になるとのことである。例の修道女は続ける。

「あの子たちには、早く遊ぶだけ遊ばせてしまわなければなりません。」

お嫁になれる年頃の娘が、小学校に入る前の幼児たちと一心に遊んでいる――遊ばせてやっているのではない――光景は、まことに異様であった。しかしこの森の中の村人たちは、みんな骨髄に徹する苦労を共にした人たちなので、孤児に対しての雰囲気もよく、非常に効果が上がっているそうである。

われわれ外国からの留学生たちは、このモダンな学校、立派な住宅、設備のいい孤児園をもった豊かそうな村が、つい数年前にエヴァンゲリッシェ教会によって作られた人工村だと聞いていたので、首をかしげなければならないことが多かった。インド、インドネシア、アラブなど、その他AAグループの国から来ている留学生の頭の中には、「近代文明度ということは古い宗教からの分離度である」といったばく然たる観念があるが、こういうのを見ると、わけがわからなくなるのである。

### ③―厚生事業部《カリタス・フエアバンド》

ドイツでは法的に堕胎が禁じられている（※一九七六年に合法化された）。いわゆる受胎調節の方はエヴァンゲリッシェでは許すが、カトリックではクナウス・荻野式しか認めない。ところが堕胎だけは両方の教会で厳禁しており、これが市民法にも現われているわけである。キリスト教では受胎と同時に新しい霊魂が与えられると考えられているからであろう。だからドイツ映画で、よく堕胎医の出てくるのがある。堕胎にまつわるスリルが日本ではなくなってしまったが、堕胎はドイツでは、未だに体刑をもって罰せられる準殺人罪であり、日本の戦前以上の大事件になるから、映画のテーマにも使える。

だからドイツでは、娘が婚前に妊娠したとしても処理するわけにいかない。必ず産ませなければならない。したがってそのための設備が必要であるということになる。そしてそのような設備と運営は、主として教会によってなされるというわけである。今度はカトリックの場合の例をあげよう。

カトリックの司教に直属してカリタス会というのがある。カリタス会といっても単なる慈善事業団体くらいに考えてはならない。それは歴とした機関であり、その上の人は司祭がなるのであるが、デレクトールの称号を受け、こういった私生児の母子養護機関のみならず、その司教区の非常な数の養老院、孤児院などの福祉機関を総括する。私のいた頃は、エッセン司教区が独立する前で、ミュンスター司教区には八百万のカトリックがいた。このための福祉施設というものが厖大なものであることは想像つくであろう。

カリタスはＳＰＤ《エス・ペー・デー》（ドイツの社会党というべきか）の目の敵である。ＳＰＤはどこの国の社会党とも同じく、いわゆる福祉国家の建設を志す。そして福祉保護施設を全部国営にしようとする。ところがカリタスはもちろん、教会そのものは、近代の極端なる福祉国家なるものを是としない。キリスト教によれば、時間と空間よりなるこの世は、人間的な美徳を用いる場として人間に与えられていることになる。無思慮、意志薄弱、憎悪、利己心、慢心などの悪徳と戦いながら、聡明、剛毅、隣人愛、犠牲心などを発揮するという、緊張関係のある存在の場としてこそ、この世には意味があるというのである。すなわち、個人の自由意志の働く場のあるところにのみキリスト教があり得ると主張する。それが揺籃から墓場まで、なんでもかんでも保障一点張りというのは、人間をもっとも本質的な意味で堕落させる。そして、この堕落にくらべれば我々が普通にいう堕落などはそれほど悪質なものではない、という結論である。

この見地から、たとえばカリタスでは、当然の予算の他に篤志家の個人的・自由意志的寄付を、額の多少にかかわらず、きわめて重要視する（完全なる社会保障の国では寄付はほとんど意味がない。全部徴税手段によって賄うのが建前なのであるから）。また、養老院や孤児院や私生児の母子養護施設は、国家が公務員試験という形式で選んだ事務官や、普通のサラリーマンやサラリーガールによってのみ運営されるべきではないとする。それは完全な自由意志によって、一生を同胞に捧げようとした聖職者と修道女をその機関に入れるべきだということである。映画「尼僧物語」の中の主人公のように、普通の看護婦の身分で奉仕のみに集中しようとする人もいようが、それは稀である。結婚するのが常道であり、結婚すれば立派な家庭を作り、子供もちゃんと育てなければならない。また、そうすることが第一の義務となるのであり、家庭を持った人は、無闇に家庭を犠牲とするような奉仕事業に手を出すべきでない。別言すれば、家庭を犠牲にして社会奉仕というのは、しばしば本末転倒になることがある、というのが教会側の主張である。

　元来修道会は、あらゆる共産政体よりもさらに徹底した共産体制で、修道士、修道女達は全然私有物を持たず、まったく祈禱と奉仕のみである。このような精神的支柱のない福祉事業は人間にふさわしくない。それどころか人間を堕落させる危険の方が大きくなる。これがカリタスなどの主張であるらしい。

　私もこれらの諸設備を見て廻ったことが何度かある。そこにはいつも黒衣の修道女達が働いていた。実に素晴らしい養老院の建物があった。もちろん、寄る辺なき老人のための無料のものであるが、日本の金持ちが入る病院くらい立派な施設である。そしてそれには必ず立派な教会がついている。手足の不自由な人も手押車で簡単に入れるようにと階段などに工夫が凝らしてある。

私を案内してくれていた気品ある老齢の修道女が、「どのように憐れな老人も、神の子として大切にされる権利があります」と言ったことがあった。別に力んで言ったのではなかったが、何十年か奉仕一筋にうちこんできた人の言葉の強さというものを強く感じた。この人はおそらく良家の子女だったに違いない。しかしもう多年の重労働のため、指の関節は節くれ立ち、声はかすれ、階段を登る時も息が切れるようである。ただその目と顔立ちだけが神々しくも美しい。これが俗人のまま福祉施設で働いているのなら、女史として世人の耳にも入ろうが、本名はかくされたまま、某という修道女名でごく少数の身辺の人から知られるのみで、永遠に無名のまま消えてゆくのである。そうして、こうした無名の修道女たちが、どれほど多く今日また黙々と祈禱と奉仕の生活に明け暮れていることであろうか。

そこで私は考えざるを得なかった。カリタスの養老院にいる人は、戦争で家族を失ったり、また、その他のやむを得ない事情でここにくるようになった場合もあろうが、少なからざる人人は、若い頃放蕩な生活をしたり、不義理なことを重ねたりして、浮世を食いつめ、晩年になってここの施設に救われて厄介になる羽目に陥っているのである。そういう人たちが、この老修道女のような人の奉仕をぬくぬくと受けていて恥ずかしくないだろうか。

聞くところによれば、若い頃の身勝手がたたってカリタスの恩恵を受ける人は、概して、徹底的なエゴイストだそうだが、ここへ来てから、自分達とまったく反対の奉仕のみで生きてきた修道女に旦夕《たんせき》触れるようになり、心の底から改悛《かいしゅん》する者もあるそうである。

ここで想像したくなることは、社会保障制度としてのみ建てられた養老院に、一生を徹底的エゴイズムで通してきた人だけが集まることになったら、その雰囲気はどうなるだろうか、ということである。そういう所で働く職員は、比較的愛徳の精神の旺盛な人ではあろうが、結局は給料をもらって勤務して妻子を養っている人達だから、そこに要保護者として入っている老人達の方が雇い主みたいなことにはならないだろうか。その点カリタスの方では、世話する人達が犠牲奉仕のみで生きてきた敬虔な人達であるので、入院者の方でも謙遜な気持ちにさせられ、時には真の反省から、宗教の道に入る人もあるとのことである。

### ④—学校への影響力

教会の経済力の及ぶところは、カリタスのような福祉施設にのみ限られているのではない。高校《ギムナジウム》、大学の学寮経営がこれである。

ミュンスターの大学には三種類の学寮がある。第一は大学が経営するもので、これは宗教的に中立である。第二はカトリックの経営するもので四つある。第三はエヴァンゲリッシェの経営するもの二つである。エヴァンゲリッシェの方は規模からいうと、カトリックのそれには遠く及ばないようである。カトリックの学寮は一種の社交センターをも形成しており、多くの外国からの留学生（宗教を問わない）を収容している。

エヴァンゲリッシェの方も同じことをやっているが、量が断然少ない。これはミュンスターそのものがカトリック地域の中にあることに関係があるだろうし、また、起源においてカトリックが国際主義的、エヴァンゲリッシェが国家主義的であることにも関係があろう。ここではカトリックの寮の方を紹介してみよう。

まず驚くことは、寮の食事、掃除をやっているのが、主としてカトリック修道女であることである。この下に普通のお手伝いの娘たちが働いているが、この娘たちの顔ぶれはしょっちゅう変わる。カトリックの修道女のところで一年、あるいは二年家事を見習ったというと箔《はく》がつき、結婚の時有利だということで、いい家庭でも年頃の娘を寄こすのである。女子ギムナジウムを出た娘でも、一年くらい、修道女のところで働いてから大学にくるという場合が稀ではない。こうしておけば、大学でフロイント（ボーイ・フレンド）ができた場合でも、私はいつでも結婚の態勢ができていますということを意味する。

聖堂で単にお祈りする時はまあいいけれども、ミサの時は必ず長い靴下をはかなければならないなどと躾《しつ》けられた古代ラテン文学専攻の女子学生と知合いになったことがあったが、彼女も高校《ギムナジウム》を出るとすぐに一年、修道女につき、家事・料理・裁縫などを習ってから大学に入ったのである。日本の女子大学生は、大学を出てからクッキング・スクールその他で「修業」するようであるが、ドイツでは反対の過程を取ることがしばしばあるわけである。

ドイツには大学の寮のサーヴィスを主目的にする女子修道会さえある。カトリックの修道会にはそれぞれ独自の目的があるわけで、病院を経営したり、学校を建てたりすることは前から知っていたが、学生寮の面倒をみる修道会があるとは知らなかった。だから学生寮でダンス・パーティなどあれば、夜食のサンドウィッチまで修道女さんが作ってくれる、ということになる。

それから学生寮の舎監に相当するのは、いずれも司祭である。大学町では、そこの信者の学生だけで一つの「教区」をなし、それを指導する司牧者というものがいる。この方は、単に寮生のみならず、どの学生でも、個人的な問題の相談などに応じてくれる。特に外国人留学生の場合は、宗教を問わず親身になって世話をしてくれる。

これは大学の場合の話だが、ギムナジウムの場合もそうである。一つのギムナジウムに一つの寮がつく場合が多いが、ミュンスターの町のように、多くのカトリック・ギムナジウムがある場合には、寮が独立していて、いろいろの学校の生徒を入れるというケースもある。こういう時も、大学の場合と同じく、舎監および霊的指導は司祭が行い、掃除や食事は修道女と、それにつく見習い女中を兼ねた若い娘たちである。

日本では、教育と宗教と関係することは少なくなってきている。学課の中で教えられもせず、また、生活的にもつながりがない。いわんや既成の宗教団体が、国立大学の学生の何十パーセントをも収容する学生寮を経営したり、その個人の思想的問題の指導にあたることはちょっと考えられないことである。古い宗教から脱することが近代的だとする素朴な思考法は、ここでもまた壁につきあたる。

## ⑤―きめ細かい組織

ミュンスター近郊の知合いの農家に招待されて行った時、そこに二十六、七歳のちょっと知的な感じのする婦人がやはり招かれていて、「私はランツフラウエン・レファレンティンです」と自己紹介した。どうも聞いたことのない職業である。

「私はドイツのことにはなんでも興味をもっております。それでこの国に滞在を許される限られた期間の中に、なるだけいろいろの面について正確な知識を得たいと思っております。それで迷惑でなかったら、それはどういう職業であるか、なるだけ詳しく説明して下さいませんでしょうか。」

この訊き方は、私がドイツで即事的な知識を得たい時にいつでもやったやり方であるが、尋ねられた方のドイツ人は、例外なく快く、他のドイツ人になら打明けないだろうと思われる点も、詳しく説明してくれたものである。この婦人も、もちろん喜んで話してくれた。ただその晩は他人の家に招待されていたので、立ち入った話は聞けなかったが、あとで直属の長官にも紹介するということであった。そしてその約束は間もなく果たされた。

彼女――マリア・フェルトカンプ嬢――の職場は、ミュンスターの司教直属で、農家の婦人の生活と教養のために働く部なのであった。長官は司祭であり、その下には家庭婦人のためとか、看護婦のためとか、農家の婦人のためとか、その他いろいろの職業婦人のためのレファレンティンがいて働いている。レファレンティンというのは、この場合、司祭の意を体して、それぞれの職業の分野で、指導・啓蒙・奉仕をやるのである。彼女はそれで、方々の農村の婦人会で講習会を主催したり、農村婦人の面している問題を研究分析して自分自身で講演したり、座談会を開いたり、他の知名人に講演を依頼したりする。また、農家の婦人の名において電気洗濯機の会社と交渉して割引きしてもらうという、具体的なこともやる。

同時に、今の農家の婦人が持っている問題を、上司に反映させるわけである。彼女の受持ちはミュンスター司教区であるが、各司教区にこういう機関がある。そしてこれらはボンにある中央機関に統括され、この中央機関が農林省に結びついている。

これはあらゆる職場の女性から家庭の主婦まで網羅するもので、日本の宗教関係団体にこれだけの組織があるとは聞いたことがない。こういう新旧キリスト教の組織に対してSPDのものがあるわけだが、これは日本の労働組合の組織と似てくる。ただしSPD自体が、階級闘争を否定した新綱領を採択しているわけだから、急進的なところはない。もちろん労働組合といっても教会に結びつく場合が多く、そういう所では組合大会をやる場合でも、神父さんのミサや説教、祈禱で始まるわけで、ちょっとわが国の労働組合事情とは違うようだ。特に教員組合は、ギムナジウムがカトリックかプロテスタントかでたいてい分かれるので、宗教に従って二つに分かれている。急進か保守かで分かれず、カトリックかエヴァンゲリッシェかで分かれて二つの組合ができるのである。

フェルトカンプ嬢の受持ちは村落であるので、司教からフォークスヴァーゲンを支給されて、方々へ忙しく飛び廻っていたようである。

以上、外国人留学生が少しドイツ人の生活に入りこもうとするならば、必ず驚異の念をもって発見する事実を思いつくままとり上げ、そしてナチスの悲劇的な事件のあと、世界から「犯罪国家」という烙印《らくいん》を押されたドイツが、十年経つや経たずで、アジア・アフリカ諸国からの若い留学生に、「西欧第一のキリスト教国」と言わせた原因を考えてみた。

そうすると必然的に、そういう国がどうしてナチスみたいなことをしたのかが問題になる。そしてそれを考えるには、多少なりともドイツの歴史への洞察がなければならないであろう。ナチズムこそはもっとも二十世紀的な事件の一つであり、納得のいく解釈が出るまでは、いろいろな仮説が立てられるべきである。私はこの問題に側面的な光を与える意味で、ドイツにおける教会そのものを少し考えてみたい。

# 第2章 二つの教会

# 1　猿の神学と猫の神学

西洋史を学ぶほどの者は、近世初頭の大事件として、ルターの宗教改革と、その歴史的意義の何ほどかを知っている。しかしなぜルターが教会の改革でなく、別の教会の創設を始めなければならなかったか、その必然的結果として、ドイツ人にどんな心性《メンタリテート》が生まれたかということになると、日本の高等学校や大学の教養課程では普通教えてくれない。しかしここからドイツの近代精神史が始まるのである。

当時の教会（カトリック）が堕落したのであったら、それを粛正すればよいので、新しい教会を作る必要はないわけである。事実、クリュニー（Cluny）の修道院改革（十世紀）の例にもあるように、古来いくつかの粛正運動があり、それぞれの成功を収めていたのである。「宗教改革」という言葉は誤解を招きやすい。宗教改革というよりは「教会分裂」と名づけるべきものであったのである。改革ではなく分離、しかも現象的な腐敗にあきたりなかったのではなく、神学的に別の教義をもつものであったから。

## ①——エヴァンゲリッシェの「寛大」

「『インドとドイツ』というテーマで、一週間の予定で会議が開かれるから、オブザーバーとして出席されたい。」

こういう招待状をエヴァンゲリッシェ教会（ルター派）から受取ったのは、夏休みの始まる一ヵ月前くらいのことであった。会議の場所は私のまだ行ったことのないザワーランド地方であった、という理由もあって、私は欣然として出かけることにした。会期は八月一日から一週間で、学校は夏休みに入るとすぐで、たいへん都合がよい。

イザローンの町は、ミュンスターと違って坂の町である。崖の上にある駅を下り、そのあたりに三、四人かたまっているマンボ・スタイルの少年に、会議が開かれるエヴァンゲリッシェ・アカデミーの場所をたずねた。

町はずれの森の中だと教えられて、かなり重いトランクを提げて百メートルも歩いて行ったら、後から黒いオートバイが来て「乗れ」という。見ると、さっき道をたずねた時に立っていた少年たちの一人である。歩いて行ってはたいへんだろうと思って、後から追いかけてきたのだと言う。そう言えばさっき道を訊いたとき「日本人か」とたずねた男である。ドイツにはしばしばこういう日本人ファンがいて助かることが多かったが、これもその一例である。

私は町に着く早々いい印象を得て、エヴァンゲリッシェ・アカデミー——それは城か館《やかた》に近い建物であった——に着いた。さっそく受付で旅費の半額を払い戻してもらう。ちょうど午後のコーヒーの時だったので、菓子とコーヒーのもてなしを受け、講演やらディスカッションのプログラムに入った。

このような催しは、カトリック側でもやるし、大学主催（宗教的に中立）でもやるから、別に珍しいことではないのだが、そのうちやはり差のあることに気づき出した。

まず第一に違うところは、参加者の宿舎である。参加者の中、約半数がエヴァンゲリッシェのギムナジウムからの男女生徒で、あとの半分がインド人学生、スコットランドからの一団、一般ドイツ人、それにただ一人の日本人である。今、ドイツの青少年の東洋に対する関心は非常に盛んで、この会議にも出席希望者が多くて、定員を越え、断るのに苦労したとのことである。ところで、この生徒たちはだいたい十六歳から十八歳くらいまでであるのに、これが同じ屋根の下に眠るのである。もちろん、同じ部屋にではない。女の子がみな屋根裏部屋、男の子がその下の部屋に何人かこみで入り、その下に一般人が個室をもって入り、一番下にインド人たちが住むという順序である。

「翌日の活動に差支えますから、十一時までには眠りましょう。」

こういう主催者の牧師さんの話だったが、別にうるさく言うわけでないから、あまり守られなかった。なにしろこんもりとした森の中の一軒館《やかた》だったから、若い者同士が、あるいは一般の参加者たちが、夜散歩するには好適であった。しかも時は夏である。家庭を離れてくれれば、誰でも少しはロマンティックになる。二、三歩離れれば、誰が誰だかわからない暗闇の森の中を、若い男女が散歩すれば、その結果がどうなるかはわかっている。屋外に限らず、宿舎の中でも男生徒たちの部屋に女生徒たちが入りこんで夜半すぎまでいることも普通だった。牧師も年長の人たちも、これを知っていたはずであるが、なんの注意も予防策もなかった。女子の学生たちは、それぞれインド人の学生を分け、だれそれさんはだれそれさんのパートナーというふうに決めてしまったらしい。そのパートナーたちは何をするにも一緒である。

どうもこれはひどすぎるのではないかな、と思われた夜が過ぎた次の日、次のテーマの準備のためにインド人学生は二階に、その他の人達は下に集まって下さい、ということであったので、インド人でない私は下の方に行くと、昔、インドに二十年も住んだことがあるという老婦人が熱弁を振るっている。

「私がこんな注意を皆さんに与えても、出しゃばりだと思わないで、老人の親切心からの忠告として聞いておいて下さい。インド人はゼックス・ボンベ（性の爆弾）です。金髪の女の子を見ると、すっかり自制を失ってしまうのです。しかしインドではドイツの意味における家庭は存在しません。子供は自分の親が誰だかわからないくらいに乱れております……。」

こういった調子で彼女は二、三〇分くらいも話した。明らかに女子高校生たちに対する警告である。ところで私は、インド人を客として招待しながら、これを二階に集め、そのいないところで「インド人は〝性の爆弾《ゼックス・ボンベ》〟です」というようなことを言っているのを見て、不愉快になってきた。私はいちばん上の牧師さんの部屋に行って抗議した。

「客に招いておきながら、インド人をゼックス・ボンベとはひどいではありませんか。」

するとその牧師さんは、じっと私の意を見て、ゆっくりと、そして非常に威厳のある調子で言った。

「昨夜、一人の娘が激しく泣いていました。」

そしてしばらく間を置いてから、また、口を開いた。

「私は今でもその二人を目の前に立たせることができます。おわかりですか。」

私はただ畏《かしこ》まっているより仕方なかった。

「われわれは寛大でなければなりません。神のみ裁くことができるのですから。」

私はこの牧師の真摯な音調に圧倒され、恐れ入って引き退った。そして自分の部屋に退いて考えてみると、初めて人がカトリックの神学を「猿の神学」と呼び、一方、エヴァンゲリッシェの神学を「猫の神学」という、その理由に思いあたったのである。

## ②──人間の自由意志と神の意志

宗教における根本問題は、神と人間との関係であるわけだが、これがカトリックにおいては猿と猿の子の如き関係であるし、ルター派においては猫と猫の子の関係に似ているというのである。

カトリックでは人間の自由意志というものに大きな価値をおく。救済のためには人間の自由意志による協力が必要であるとされる。ちょうど猿が子を背負う時、猿の子の方でも協力して母親猿にすがるように。

一方ルター派においては、救いは神の一方的な行事となり、人間の自由意志は本質的な問題にならない。すなわち人間の「善業」というものが理論的に否定される。人間は信ずればよいので、いわゆる「道徳的行為」にはカトリックのような価値はおかなくなる。それはちょうど母猫が子猫を運ぶ時、首根っ子をくわえるが、その時、子猫の方の意志は問題にならないと同様である。だから人が悪い事をした場合も、カトリックにおいては個人の自由意志が問題になるのに反して、エヴァンゲリッシェでは個人の堕落も神の意志ということになる。

室町末期、日本に初めてキリスト教の布教に来た聖フランシスコ・ザビエルが、日本の阿弥陀宗のことについて聞いた時、「ここにもルターの猫の子がいたのか」と言ったといわれるのも、その意味である。因《ちな》みに、ザビエルが日本に伝えたキリスト教——いわゆるキリシタン——はカトリックであった。

私は滞欧中、カトリックが主催するこういう会議にも出席したことがしばしばあるが、年頃の男女を同じ所に宿泊させることは絶えてなかったようである。女子は夕食後、バスで近くの女子修道院などに運び去られるのが常であった。出席者に外人がいる場合、みながカトリックとは限らないのであるけれども。それだから、ある意味ではエヴァンゲリッシェの集いの方が楽しいとも言えるが、もし自分の息子とか娘とかを出席させるとすれば、カトリックの方が安心だとも言えよう。

イザローンのエヴァンゲリッシェの会議の時の給仕の女の子たちの中には、「いろいろな国の人のキスを集めている」という勇ましいのがいたが、カトリックの場合、たいてい給仕などは修道女がやるから、雰囲気的にもちょっと不可能である。もちろん、カトリックの方でも結構ロマンスはあると見え、そういう会議の終わったあとで半年ばかりしたら結婚したという例もあった。しかしこれらは、会議中で知合いになって、後に発展したので、会議中にできあがってしまったのではない。

しかしイザローンの森の中のインド人の場合のような、そういう不始末をした出席者を、そのまま会議の終わるまで出席させておいて、一言の公の訓辞も説教もせず、また、そういう不祥事に対してあらかじめ配慮をしていなかった牧師の態度を、私は初め不可解と思っていた。しかし何度もよく話し合ってみると、彼は心からそういう不祥事を悲しんでいても、それを人間がとやかく言うべきものでないと確信していることを知って、むしろ感心した。私は彼の考え方に賛成したわけでないが、自己の信念に心から忠実な人というのは気持ちがよいものである。こういう問題が起これば、この会議を主催する牧師さんの経歴にもマイナスになりかねないのであるから、彼はもっと厳しい規則を課し得るはずであった。しかし彼は敢えてそれをなさず、例の不祥事が起こってからも依然として規則はゆるやかであった。ここに彼の宗教人としてのバックボーンを私は見たような気がした。

## ③―罪を赦《ゆる》すことと罪を償《つぐな》うこと

イザローンでの会議の後、私は日本で習った西洋史から受けたのとは、まるで逆の印象を受けた。中世の教会が腐敗して免罪符など売り、それをルターが改革したと習ったわけである。しかし今二つの教会を見ると、むしろルター派の考え方にこそ、堕落の危険があるように思われてきたのである。そこで私は宗教改革後のドイツの事情を調べてみようと思い立ったのであったが、そこで気づいたことは、この点に関して日本の学校は何も教えてくれなかったことである。ドイツで宗教改革が起こり、中世の暗黒時代が破られたが、その後ジェズイットの反宗教改革があり、いちおうの成功を遂げたことくらいで、もう西洋史の時間から宗教問題は姿を消してしまう。私の習った西洋史では、宗教改革で旧教《カトリック》は過去のものになったような印象を受けた。事実こういう印象を受けたのは私のみでないようで、この辺がどうも一般の日本人の宗教改革に関する知識というところらしい。

ところでドイツの宗教改革は免罪符の売買に端を発した。カトリックの神学によれば、罪を赦すことのできるのは神だけであるが、赦されてからも、犯した罪に対しては償いをしなければならない。元来は、祈禱や苦業が償いの行為とされていた。しかしルターの頃はちょうど、教会は大聖堂を建てたりして金のかかることが多かったので、その償いの方法として免罪符を売った。額に汗して働いた富を教会に捧げるならば、苦業に等しく償いになる、というつもりだったらしい。ここまでは教理的にも筋が通るが、実際これを売りに廻った連中には、罪の赦しと、罪の償いをごっちゃにした点もあるらしいし、その他の多くの弊害もあったであろうことは想像に難くない。事実、日本の西洋史学者自身、その区別が明らかでない人があったようだ。免罪符というのが誤訳なのだ。「罪を赦すこと」すなわち免罪はアブソルチオンであり、「罪を償うこと」、贖宥《しょくゆう》はインダルジェンツなのである。だから免罪符というのは事実でなく、贖宥符なのである。今日でもカトリックでは贖宥符を、理論的には否定しないようである。それが賢明な方法であったかどうかは別問題であるが。

ルターは神学者で、しかも大学の先生だ。こんなことを知らないはずはないのである。だから彼も初めのうちは、贖宥符《インダルジエンツ》（日本語ではしばしば免罪符と訳される）に対し理論的、神学的に反対したのではなかった。ルターが一五一三年に、この贖宥符の問題で初めて批判の声をあげた時は、自己の属するアウグスト会と競争者の関係にあったドミニコ会がこの贖宥符の件を托されたのが原因で、その乱用に反対するに止まったのであった。その後もカトリック教会から離れる意図はなく、法王に訴えると言ったのであるが、それが却下されるや、さらに公会議に訴えるといっていたのであった。ルターの抗議には当然とすべきところがあったし、彼自身も初めは教会を分割する気はなかったのであるが、勢いの致すところ、ついに分裂ということになり、新しい神学が生じた。

そこでさっきの「猫の神学」にもどるが、ルターは贖罪を神学的に否定するため、信仰のみ価値ありとし、「善業」、いわゆる人間の自由意志の力でやる道徳的行為の価値を軽視した。もちろん、「勇敢に罪を犯せ、しかしもっと勇敢に信ぜよ」とルターが言った時、信仰は罪に打ち勝つことを確信しての危険な誇張で、彼が罪をすすめたことにはならないのであるが、信仰によってのみ義とされるという主張により、義化の途上の道徳的要素が軽視され、どうでもよいものというふうに解釈される傾向にあったことは否定できない。

このため、当然予期される結果が生じた。

## ④——道徳なきルター派

その当時随一の人文学者であったエラスムスは、「ルターの改革でよりよきキリスト教になった者が一人でもいたら見せてもらいたい」と言っているし、エグラヌスは「ドイツがキリスト教化されて八百年になるが、これほどひどい道徳の紊乱《びんらん》はなかった」と断言し、ビリハンは「新教徒にとってバイブルは不敬に仕えるのみである」と言い、ピルクハイマーは「信仰によってのみ義とされるということは、肉欲を義とすることと違わないではないか」となじり、「我々は昔よりも百倍も悪くなった」と告白している。これらの発言は、いずれもカトリック派のものでなく、中立的な人文主義者、または宗教改革者の発言なのだから驚く。

要するに、「信仰によってのみ義とせられる」という教義のため、「恥」の観念を人間が失ったらしいのである。ルターの高弟であったアグリコラ自身「新教徒は罪を罪と見なさなくなってしまっている」と言っている。ブーケルは、ルター派の人に品行方正を強要したところ、「バイブルの基礎を危うくする」と言って、逆に非難されたので、この改革者も「人々が改革に心をひかれたのは、欲望にしたがって勝手な生活がしやすくなったためだった」と嘆いている。ニュールンベルグのディートリッヒも、「猫の教義」が人々に受け容れられた所では、どこでも道徳的荒廃が起こっていることを指摘し「我々の敵であるカトリック教徒も盲目ではないのだから、新教徒達が、スキャンダル、強欲、利己、傲慢、不節制、冒瀆《ぼうとく》、放蕩、虚偽をもってバイブルを枉《ま》げていることを見逃すわけはない。だからカトリックの者たちは、教養がよければ、それを奉ずる人の道徳もよいはずだが、と言っている」という現状をのべている。

ウルムの議会ではルターを支持したユストス・ヨナスも、「いわゆる福音主義者《エヴアンゲリツシエ》（ルター派）がバイブルをとるのは勝手なことをやるためである。大多数の人間は目に見えて悪化してゆき、しかも良心に恥ずることなく恬《てん》としている」といい、ルターの熱心な支持者アンハルト公も、「残念ながら新しい教義は、悪事をなす口実に役立っているに過ぎない」旨を認め、また、ルターを支持してマイセンに改革を導入したヴェーラーも、「ルター派に入る人間は十戒から逃がれるために入るのだ」とこぼしている。

私がイザローンのインド・ドイツ会議中感じた懸念は事実だったのである。ルターの教義に正確に従うならば、道徳の余地はないのだ。牧師が司牧の機能を失ったのである。

これに反し、宗教改革後のカトリックの人達の生活はどうであったろうか。ここに新教徒であるベアリング・グールドの記述を一つ紹介すれば足りるであろう。

「贖宥符《しよくゆうふ》（通称免罪符）を売ることはやんだ。そしてカトリック教徒は、自己の教会を調《ととの》えるよう警告され、熱心に努力した。新教徒の熱が冷えていくにしたがい、カトリック側の熱心さが燃え上った。そして彼らは一般に今までより厳格な生活を送るようになった。そこで一般の人々は、一方では新教徒が新しい教義に隠れ、またその教義に基づいて勝手な放蕩をしているのに、他方、旧教徒が厳しい自律性ある道徳生活を守っているのを見た時、改宗を躊躇したのである。」

とどまるところを知らず、燎原《りようげん》の火の如く拡がり行くと見えた改革運動を、イエズス会（ジェズイット）が現われて、あっという間に消し止めてしまったというのも、ここに理由があるのである。まともな人間の多くは、もう新教には見切りをつけ始めていたらしいのである。ではなぜ、再びドイツ全体がカトリックにならなかったのか。

その理由はきわめて簡単である。まず第一に、ルターにならって妻帯した牧師や蓄妾したりしていた者たちが、もとのカトリックに帰る気を起こさなかったことは確かである。そうすれば彼らの妻妾は非合法化されるのだから。

第二に、莫大な教会領、教会財産を掠奪横領した諸侯豪族が、再びそれを手放す気がないのは当然である。中世以降、カトリックの教会、修道院の蓄積した富は実に厖大なものがあった。修道院は元来独身制で、勤勉な者達の集まりなので消費は少なく、それに寄進やら開墾やらがあったうえ、相続で分散することもなかったのだから、累積は当然の勢いだったのである。それを簡単に手中に収め得ることがわかれば、強奪せずにおくものか、という諸侯が多く、教義などは大した問題でなかったことは、その後の歴史がよく証明している――たとえ教義が、口実、あるいは錦の御旗として使われたことは事実であるにせよ。

これはドイツに限らず、宗教改革のあった国はどこでもそうである。イギリスなども、ワーズワースの詩で名高いティンテルン僧院をはじめ、有名な廃墟で観光の対象となっている所は、ほとんどすべてヘンリー八世当時に掠奪され、住んでいた人達が殺されてしまった跡である。三十年戦争に至っては、カトリック貴族とルター派貴族との領土争い以外のなにものでもない。

これにつけ加えて第三の理由をあげるとすれば、当時、カトリックという国際主義的な考え方に対して、ようやく国家主義的感情が澎湃《ほうはい》として起こってきたことであろう。そして、国家主義に有利な精神的情況がその後数百年、今度の第二次大戦の後まで続くのである。そして今度の大戦後、ようやくにしてヨーロッパ共同市場の如き、ヨーロッパを単位として考えるような、すなわち国家主義に厭《あ》いたような気分が出てきたのである。

## ⑤――自信と無関心

ルター派の「猫の神学」が、本質的に人間の「善業」を否定するからといって、今のドイツのエヴァンゲリッシェの人たちが、みな、上にのべた引用にあるような放埒な生活をやっていると思われたら困る。私は例のイザローンで知り合ったエヴァンゲリッシェの人たちの家庭に招待されたり、また、他の機会にも、いろいろこの派の人たちと知合いができたが、それは「良い家庭」であることが多かった。神学上は自由意志による道徳行為に価値をおかないのに、道徳的な生活をしているのは、普通の健康な判断力と常識によっているのであろう。これはちょうど現代の日本人は普通、特殊な宗教の「教義」などにとらわれることは稀だが、それでも結構、立派な人は常識的に道徳的な生活をしているのと同じ事情だと思われる。

一宗派のドグマから直接由来せず、一般的判断で道徳の基準が定められるというのは「啓蒙主義的」というべきであろう。ドイツの啓蒙主義が、ルター派貴族のプロシア王、フリードリッヒ大王から出たのも偶然ではない。

私がミュンスターに行っていた頃は、まだ日本人が珍しかったから、日本人という理由だけでいろいろの家庭からの招待を受けたが、そのうち、そういう家庭の雰囲気がたいていの場合、二種に分けられることに気づいた。一つは日本の大都会のインテリ階級の家庭などによくある雰囲気で、比較的おなじみのあるものである。他の一つは、東京ではもう珍しくなってきている雰囲気、悪く言えば抹香《まっこう》臭さのある雰囲気である。前者がたいてい新教徒の家庭であり、後者がカトリックの家庭であることに気づくのにあまり時間がかからなかった。もっとも名目だけのカトリックもあるわけで、そういう家庭は別に特徴的な雰囲気を持たないことはもちろんである。

家庭に招かれて話する時も、カトリックの家庭では、自分の立場というものがはっきりしているようである。カトリックに反するような意見を出した時――教養のある家庭においては明らさまではないにせよ――、反対意見の弱点を正そうというような方向に話をすすめるが、エヴァンゲリッシェの場合は、むしろ寛大な態度で聞くだけの場合が多いようである。だからカトリックは頭が固いとか、ドグマティックであるとも評し得ようが、ともかくその宗教的確信がまだ生きているようである。これに反してエヴァンゲリッシェの方は、寛容で近代的に見えるが、逆に、宗教には無関心、あるいは宗教的な自信の欠如という面が出てきているようである。

私は前にのべたように、イザローンの会議の後、カトリックや非カトリックの人の書いたドイツ教会史をずいぶん読んだのであるが、いずれも一致して、現代のドイツ新教徒の宗教的無関心を衝《つ》いているのを見て、私の印象があたっていることを知った。

## 2 「ドイツ国教」の悲劇

### ①―反民主的なルター

我々は、イギリスでは宗教改革の結果「イギリス国教会」ができて、イギリス国王（今は女王）がその首長になることを知っている。ドイツでは事情が多少異なるにせよ、ルター教会の創設が、カトリックという国際主義的宗教から、国家主義的宗教への移行であったことは否定できない。

同じ新教運動でも、イギリスは君主制、カルヴィン派（スイス）は共和国家主義的であったが、ルター派は貴族主義的であった。ルターはその教会分裂運動を、国家主義的諸侯の力にたよって達成したので、常にその味方であり、したがって強烈に反民主的であった。

農民一揆が起こった時、農民はルターに希望を寄せた。しかしルターは考えられ得るもっとも冷酷なる言葉を農民に吐いた。「平民は傲慢にならないように、重荷を負うているべきものだ」という調子のものであった。彼は繰り返し繰り返し、領主への無条件服従を説いた。この点ルターは、後のスチュアート王朝時代の王権神授説の発明者だといってよいだろう。「二たす五は七ということは理性の教えるところだが、もしも君主が二たす五が八と言ったら、理性や悟性に反してもそれを信ぜよ」とも教えた。なぜなら「理性は悪魔の娼婦なのだから。」

このような意見が当時の諸侯に歓迎されたことは想像に難くない。ルターの改革の動機が、カトリック教会当局の腐敗に警告を与えるという限りにおいては正当なものであったが、一度教会を割ってからの彼の言動は、まったくデタラメで、ほとんど良心の印がなく、ただただ諸侯に都合のいいことを言っていただけのように見えてくるのである。

ルターによれば聖書の解釈は個人の自由であり、これこそ彼がペテロの座（ローマ法皇の座）を否定する根拠となったのだが、彼自身はどんな小さな点でも、人が自分の意見と違うことを許そうとしなかった。そして彼の意見に反対したり、彼の不可謬権を認めることを拒む牧師達に対しては、狂気の如く怒ったのに対し、諸侯への諂《へつら》いは度を越したもので、ヘッセン侯に対しては二人の妻を持つことを認めているのである。これは、イギリスのヘンリー八世の離婚に反対し、彼を破門したカトリックの態度といい対照をなしている。

かくしてルター主義を奉ずる限り、各諸侯はその領土内ではローマ法皇以上の宗教上の絶対権を持つようになったのである（ローマ法皇は公会議によらなければ教義に触れることはできない）。そして宗教的には今まで頭の上がらなかったローマ法皇と、宗教的にも同等の立場になれる、というような教説を喜んで聞いた諸侯が少なくなかった。ここで注目しなければならないことは、近代市民生活が確立する前のドイツにおいては、諸侯さえ改宗すれば、領民の意見などは問題にならず、領主のものと同じになったのである。既に一五三四年に――ルターがドイツ諸侯に呼びかけたのが一五二〇年であるから、その後わずかに十四年――、セバスティアン・フランクが次のようなことを言っているのは注目に値しよう。

「昔、カトリックの時代には（すなわち中世には）、人々はもっとずっと自由に、君主や諸侯の罪を非難することができたものだが、今では彼らの御機嫌を取ることに汲々とし、凡てを見て見ないふりをしなければならない。さもなければ叛徒とされてしまうのだ。神よ慈悲を垂れ給え。」

## ②――ドイツの後進性の原因

ここでルター派の内包する根本的欠陥の第一、すなわち世俗の権力にきわめて弱いという点が明らかになる。

第二の点は教義そのものに関してである。「信仰によってのみ義とされる」という教義は下手をすると道徳生活を滅茶苦茶にする危険があるということは既に述べたが、もっと根本的なのは次のことである。すなわち信仰はバイブルからのインスピレーションと言うのだが、バイブルの解釈をみんなが勝手にやり出したら、既に一つの教団としては成立ち得ない、という根本的な理論的矛盾である。改革熱の盛上りが急であったように、その熱の冷えるのも急であったのは、一つはここに起因する。各神学者が勝手に主張し、相反する意見が同派の中で摑み合いをやっているのだから、一般の人が見放すのは当然である。そしてさらに悪いことには、神学者が自分の贔屓《ひいき》の諸侯の武力を借りて論敵を攻めたりしたのだから話にならない。

ルターの女房役として新教の大黒柱であった神学者メランヒトンが死ぬ前に言った言葉は、この間の事情を伝えて余すところがない。

「二つの理由のために、私は早くこの世を去りたい。第一のは神の子と天国の教会を見たいと前から望んでいたからであり、第二の理由は神学者間（ルター派）の嫌悪すべき泥試合から自由になりたいからである。」

これは当時のカトリック側が、主としてイエズス会を通じてその教義を万人向きに闡明《せんめい》し、使徒伝来の信仰箇条を異論の入る余地がない形で提供したのと際立った対照をなしている。イエズス会のカレッジが開かれた所では新教側の神学校がしばしば空《から》になったことを見ても、当時の人々が、聖書の勝手な個人的解釈に基づく果てしのない論争に嫌気がさしていたことがわかる。イエズス会は主として諸侯、インテリなどの上流階級に浸透し、同じくカトリックのフランシスコ会から出たカプチン会は、労働者、小作人などの下層階級に入ってカトリックの信仰を固めさせた。

だから、武力を背景とした政治問題がなかったら、ドイツの宗教事情は、カトリックが圧倒的優勢の位置に立ったと思われる公算大であったが、三十年戦争はルター側をもカトリック側をもすっかり麻痺させてしまった。今次の世界大戦がいかに酸鼻を極めたものであったにせよ、日本人で戦死した者の数は、総人口の五パーセントを越えないであろう。しかし三十年戦争の惨禍は桁違いのものであった。一六一八年に一千七百万近くあったドイツの人口は、一六四九年には九百万人に満たなかったのである。テューリンゲンのある地方などでは、十九の村落に一千七百七十三戸あったのが、三百十六戸しか残らなかったというから、六軒のうち五軒まで潰滅したことになる。それが強い火薬や原爆のない時代の武器でこれだけ殺し合ったのだから、悲惨な殺戮《さつりく》の状は想像を絶する。

このような空前の宗教戦争の後、誰が宗教の議論に耳を貸すであろうか。Cujus regio, ejus religio（領主の宗教は領民の宗教）というきわめて非宗教的な取り決めが行われた時も、みな仕方がないとした。宮廷における貴族の数も、新旧両教徒同数となった。かくしてドイツは荒廃した国土と根絶やしにされた文化の国となり、一挙に西洋の後進国に転落した。そしてこの状態で近代を迎えることになるのである。

### ③―啓蒙主義と新教

北ドイツにあってしだいに勢力を伸長し、ついにドイツの中心となったプロシアの国教が新教であったことは、近代ドイツの諸事件を理解する非常に重要な要素になるものと考えられる。われわれ日本人が普通ドイツ人といえば頭に浮かぶようなタイプのドイツ人――がっしりとした顔つきをしており、論理的で勤勉で秩序的で軍国主義的であるドイツ人――というのは新教プロシア型なので、カトリック地方のドイツ人というのはかなり違ったタイプのものである。

「典型的なドイツ人というのは新教に多い。私の一友人でもそういうのがいるが。」と同じ寮にいた敬虔なカトリックの医学生が言っていたが、私の友人にも、いわゆるドイツ的な者は、新教の人が多かったような気がする。

さてプロシアといえばフリードリッヒ大王を想い出すが、彼のもっとも特徴的な点は、非常に啓蒙思想的だったということである。啓蒙主義にはいろいろの定義の仕方があろうけれども、宗教を人生の中心におかないことが、ここでは一番関係がある。敵味方を宗教によって決めたり、信仰のためにお互いの血を流し合うのを愚かであるとし、もっと人間として考えて合理的・常識的に事を運ぼうとする思想である。「教会に集まる人々は、いくら大勢でも所詮《しょせん》は内輪の集まりに過ぎない」のだから、みんな人間として、世界公民的見地から話し合うべきだと当時の大哲カントも説いた。

この啓蒙的な考え方は宗教論に疲れ果て、かえって教義に対して無関心になった多くの新教の牧師の心情でもあった。これに反して、カトリック側には玄義というようなものがあって、非合理ではないが理性を超えたものの存在を認め、これを信仰の対象としているのであり、また、自らをカトリック（公教会）と称する如く、世界全体をキリストの神秘体とみて、信者・非信者（カトリックでは未信者と呼ぶ）の別を問わず、すでにキリストによって救済されたものであると見るような次第なので、「教会」を離れての世界公民的立場は、理論として入りこむ余地がない。

このカトリックの頑固な立場とは好対照をなして、新教の方では、教義が本来の意味の宗教性を急速に失いだしたことはまぎれもない事実である。前に新教の家庭はどうも日本の一般インテリの家庭の雰囲気に似ていると言ったが、おそらくこの点から来たものであろうと、今になって思い合わされるのである。確かに新教徒の方が「啓蒙的、近代的」、またある意味では「現代日本的」ですらある。

## ④—国家統一とカトリック弾圧

このように「近代」は啓蒙思想以後の社会といちおう言えようが、もっと際立つ特色は、西欧の近代は中世の国際主義《インターナショナリズム》から国家主義《ナショナリズム》への転移であったということである。この点においても、ドイツの二つの教会はまったく対照的な立場にある。

フランス革命後、ナポレオンのドイツ進駐にともない、カトリックの所領であったものが、その領地にいるカトリック信者の住民もろとも、新教の領主の下に繰り入れられる場合が多く生じて、三十年戦争末に決められたCujus regio, ejus religio（領主の宗教は領民の宗教）の原則が崩れるという事態となった。新教の領主たちは新領地の住民と宗教のことでごたごたを起こすことを忌避し、住民の宗教問題や教会問題は、直接ローマ教皇と交渉させるようにした。かくして、予期しない成行きから、ドイツにおけるカトリック司教、聖職者の任命権はローマに帰してしまったのである。これはドイツのカトリックを反ナショナリズムの方向に決定づけてしまった。フランス大革命以前に、すでに「ドイツ国教」を確立したい希望がドイツに強かったのであるが、ひょんな工合から、かえってドイツのカトリック教会とローマとの結合は固いものになった。これはカトリック側から見れば天恵というべきものであり、新教側、あるいは国家主義の側から見れば大ミステークであったわけである。

さて、ヴィルヘルム一世とその宰相ビスマルク時代になると、プロシアを中心とする近代国家としてのドイツ統一期に入る。これはプロテスタント＝ホーエンツォレルン家のカトリック＝ハプスブルグ家に対する勝利ということであり、また、プロシアの軍国主義と国家主義の勃興ということである。これは必然的にインターナショナルな性格のカトリック教会の弾圧という形で現われる。特に普仏戦争後にこの傾向は顕著になった。

一八七二年（明治五年）、皇帝ヴィルヘルム一世は、ビスマルクと謀ってイエズス会条令を発して、ドイツの教育の中枢を握っていたカトリックのイエズス会、およびそれと関係するカトリック諸団体の国外追放を命じ、さらに翌年にはレデンプトール会、ラザリスト会など、その他の活発なカトリック諸修道会は軒並みに国外追放された。イエズス会が再びドイツで許可されたのは一九一七年、すなわち第一次世界大戦でプロシアの軍国主義が崩壊した時である。

さらにビスマルク治下のプロシアの法令は、カトリックの司祭志願者が大学在学中、神学院に住居することを禁じ、同年（明治五年）末には追討ちをかけ、カトリック司教達に、いろいろな厄介な法令に従うよう宣誓を強要した。翌年、事態はさらに厳しくなり、国家が司祭の免許状を発することにし、これを持たない司祭が宗教活動をすると罰せられることにした。この時は国教がプロテスタントなのだから、宗敵から司祭の許可状を得よ、という無理な注文である。また、教区や国家は司教の同意を得ることなく司祭を叙任できることを法令化した。その他、カトリック教会を徹底的に弾圧する法令が次から次へと出たことは、ちょうどナチスの迫害の時と同じである。事実、ナチスの弾圧の時、カトリック教会では「ビスマルクの時もこうだったのだ。長くは続かないだろうから、耐えに耐えよ」と励まし合ったとのことである。

ビスマルクの治下で、カトリック神学校は閉鎖され、罰金をとられる司教が続出した。しかしここで注目すべきことは、この迫害に対して、司教たちは全然屈する気配を見せなかったことである。このため、ケルン、トリアなどの大司教、ブレスラウ、ミュンスターの司教たちは投獄、罰金、国外追放の憂目を見た。また司教が死んで空席になったところでは、空席のまま放って置かれた。

たとえばミュンスターでは、司教は国外追放、司教代理が代りに衝《しょう》にあたったが、これも投獄をのがれるために国外逃亡を余儀なくされた。それから三、四年の間、ミュンスター司教区で七十以上もの教区が司祭なしの状態となり、一人も任命されなかった。すなわち国家が任命した司祭を信者たちは誰一人受け容れようとしなかったし、また、司教が任命した司祭は一人も、国家が教会に就任することを許さなかったからである。

同じ事態はブレスラウでも、ライン川下流地域でも、パダボーンでも、到る所で起こって、しかも解決の見込みはいっさい立たなかった。ビスマルク治下の、国家とカトリック教会との争いを「文化闘争《クルトア・カンプ》」というのであるが、これには大宰相ビスマルクも見込み違いをして失敗した。彼はカトリック弾圧の「五月法令《マイゲゼッツェ》」を次々と引っ込めて退却してしまったのである。

## ⑤―カトリックの反国家主義

では、ビスマルクほどの大政治家が、なぜ、カトリック側のこれほど徹底した反対を予想しえなかったのであろうか、ということが当然問題になる。そしてこれこそ、ドイツにおける二つの教会の宿命的な性格の相違を見事に示してくれるのである。

これより五十年も前、プロシア王、フリードリッヒ・ヴィルヘルム三世は、宗教改革三百年記念に、ルター派とカルヴィン派に呼びかけ、合同させようとしたことがあった（この二派の神学的な差はかなり本質的なものであったにもかかわらず）。この合同案がなされた時、宗教自治体を作るという意味で一般に歓迎されたのであるが、王はそれには反対で、新教徒の首長としての権限をもって断圧してしまった。間もなくルター派もカルヴィン派も圧伏されて一つの教会が作られた。そして王はこの教会を福音教会《エヴァンゲリッシエ・キルヘ》と名づけ、規則や礼拝形式も国王のお手盛でできてしまった。もちろん反対はあったが驚くほど数が少なく、しかしたいてい老人のみであったので大した問題にならなかった。

このような発生事情から、福音教会《エヴァンゲリッシエ・キルヘ》は明確な信条を持たない。むろん以前からの信条などの保存は許されたが、教義としての権威は完全に喪失された。教義を国王にきめられても反対が少なかったという現象は奇妙である。しかし当時の多くの新教牧師の立場から見れば容易に解釈できよう。彼らは今まで間違っていることがわかり、今回の王の布告が正しいからその命令を受け容れたのではなかった。要するに教義はどうでもよかったのである。すでにのべたように、ルターの神学に従えば、異説をとがめることは理論的に不可能なのだから、護教に情熱がなくなるのは当然であった。ルターは教義を革新せんとしてかえって無関心主義を招来したのである。そこで信じられないくらいの話であるが、プロシアの福音教会は信条を全廃しようと目論み、かえって国王に反対される、という茶番劇さえあったのである。

要するにドイツの新教徒は、ルターの時代に既に明確な萌芽を示していた二欠陥、すなわち、諸侯（俗権）に対して「弱い」ことと、教義に対して無関心になるという傾向を、それから三百年を経たこの時代に、ますます明瞭な形で示したのである。

ビスマルクの文化闘争における失敗は、福音教会を片づけたと同じ術《て》でカトリックを料理できると簡単に思いこんだことによる。これはビスマルク時代のプロシア政府の経験したほとんど唯一の敗北の例となったのである。ではこの失敗の原因となった福音教会とカトリックの相違はどんなところにあるだろうか。

第一にカトリックは教義が明瞭で俗権の及ぶところでないことは、どの信者にも明らかであった。第二に、元来反国家主義的性格の「公」教会は、本質においてナショナリズムの政府と相容れないのに加えて、既述の如く、フランス革命以後、ドイツのカトリック信者はローマに直結したのである。それで司教、司祭が徹底的にビスマルクの政策に反対したばかりでなく、信者たちも完全に聖職者に同調して反対した。国家がある人を司祭に就任させ、これを法律をもって押しつけても、平信徒たちは、自分たちの司教が叙任した者以外は、絶対に司祭として認めようとしなかった。さらに、聖職者も平信徒も、教会は国家の手によらず教会の手で司祭を養成することを主張して譲らなかったのである。カトリックの数が少ない所ならばともかく、人口の三分の一以上もの数が反対しているわけであるから、さすがのヴィルヘルム一世もビスマルクも折れざるを得なかった。

かくして数年間ごたついた「文化闘争」も終わり、カトリック教会も市民結婚（役場に届け出れば法的に結婚が成立するとするもので、現代の日本のそれと同じものである。それ以前は教会での結婚のみ有効という立場をとっていた）を認めること、およびカトリック教会の財産を聖職者ならざる者の手に委ねることなどの点で譲歩したが、その他の主張は全部通った。その中でもっとも重要なのは、言うまでもなく司祭養成のための教育に国が口出しできなくなったことである。

これ以後、ドイツではカトリックは万年野党の立場をとる。高級軍人、高級官吏はほとんど新教徒によって占められる。しかしカトリック中、もっとも活発な団体の一つであるイエズス会の如きは国外追放のままである。比較的自由だったのは第一次大戦による軍国プロシアの崩壊後のワイマール共和国時代の十五年くらいのものである。一九三三年にヒットラーの超国家主義が出て、国際主義のカトリックは軍国プロシアに輪をかけた迫害を受けることになる。追放、投獄、獄死、死刑の例は数えるに遑《いとま》がない。ヒットラーにとっては「国粋」が大切なので、多少とも「国際」的な臭いのするものは徹底的に嫌ったのである。特に槍玉に上がったのはユダヤ人、フリーメーソン、カトリックの三者である。

ただヒットラーがビスマルクと違っていたのは、彼はカトリックのみならず、エヴァンゲリッシェをも――カトリックに対するほどでなかったが――迫害したことである。ルターの改革後四百年にして初めて、「キリストの名において兄弟なる……」と言って両派の司教たちが手紙を交換したのも、ナチの時代のおかげである。ナチ崩壊後、両者が歩みより、共同でキリスト教民主党を作る素地ができたのもこの辺に由来する。

しかしナチの時代の風当たりも、カトリックがなんといっても断然強かったことは争えない。福音教会《エヴァンゲリッシエ》の抵抗が組織的でなかったのに対し、カトリック教会はもっと原理的に反対していたのである。「超国家主義」は絶対にカトリックの容認できない思想である。この点、エヴァンゲリッシェは常に「国教」的色彩を免れ得なかった。

## ⑥—カトリックの台頭

戦前、戦時中に西洋史を習った日本人には、第二次世界大戦後のヨーロッパの事情にはちょっと理解しにくいところが出てきた。

習った西洋史の知識によれば、カトリックとは中世的、ドグマ的、時代錯誤的などであったはずだが、大戦後に西欧を指導した大立者は、イギリスを除けばたいていカトリック、しかも熱烈なカトリックの人である。フランスのシューマン、イタリアのデ・ガスペリ、ドイツのアデナウアーなどが集まって、EECの基礎を作った。いずれも敬虔なカトリックで、古い国家主義を克服しなければヨーロッパ、ひいては世界の平和はあり得ぬという、国際主義、カトリック主義にその根底を持っているのである。

この現象に対する解釈は、一般にあまり言われていないことだが、以上述べたところから見ればわりに簡単であろう。すなわち、ルネサンス、宗教改革の頃以降、ますます強くなった国家主義の傾向が、ナチズムで頂点に達し、ようやく四百年後にして再びカトリックの国際主義的考え方が人の耳に入るようになったということである。それにプロシアの軍国主義、ヒットラーのナチズムを経験したドイツ人には、なんといっても、カトリックが終始一貫よろめかなかった点、心強く思っているのであろう。

ついでながら、いいカトリックの家庭の人はナチスの運動に入らなかった。それは教会が反対していたからである。しかしエヴァンゲリッシェの場合、よい家庭でもナチスに入る人が少なくなかった。これはエヴァンゲリッシェの方は教会として反対しなかったので、ナチズムの本質を知らずに入った人が多いということである。私の滞独中知合いになった旧ナチ将校と旧親衛隊員は、一人の例外もなくエヴァンゲリッシェであった。偶然だけでそういうふうになったわけでもあるまい。もちろんカトリックでナチの人もいたであろうが、生まれて洗礼を受けた時だけそうなので、その信仰を保持している人でない。

ミュンスターを中心とするヴェストファーレンは、ドイツ最大のカトリック地域の一つである。ナチス時代のここのカトリック司教は伯爵ガレン枢機卿であり、この人は反ナチ運動の親玉であった。ミュンスターの人は彼を「体も心も群を抜いて大きかった人」と今なお賛えている。ヒットラーの全盛時代にナチズムを堂々と文書で非難しても、彼には手が出せなかったと言うから、この枢機卿の権威はすばらしいものであったに違いない。事実、ヒットラーを「人殺し」と言ったこともあるそうである。

こんな話もある。

ナチの横暴に奮激して市民が広場に集まって動かない。ナチの警察が散らそうとしたが無駄であったので、かえって警察の方から司教に頼んで群集を散らしてくれるよう懇願した。それで司教が出かけて行って「治安を乱してはいけない。すぐ家に帰りなさい」と言ったら、警察の威嚇でも動かなかった群集が、すぐ静かに帰ってしまったというのである。私にこの話をしてくれた人はさらにつけ加えて言った。

「もしヒットラーが大戦に勝っていたら、ガレン枢機卿もヴェストファーレンのカトリック も鏖殺《おうさつ》されていたことでしょう。ヒットラーは戦争中なので、国が割れるのを恐れて枢機卿を生かしておいたのです。」

ナチズムについては、いろいろな詳しい本もあるが、私には詳しいだけで、本質的な洞察を与えてくれるものがなかった。たまたまドイツ人の生活における宗教の比重の大きさを発見して、教会史を二、三繙《ひもと》き、初めてナチとプロシアの軍国主義との平行現象を知り、さらにその歴史的原因が宗教改革の結果と結びついていることに気付いた。ナチズムの崩壊とそれに続く戦後のカトリックの台頭は、ドイツ国教の経緯よりのみ説明されるのではなかろうか、というのが今の私の考えである。

私は訓詁《くんこ》の学徒であって歴史家ではない。しかし専門の歴史家たちが、もっと教会史の要素を考慮に入れて現代ドイツを考えた方が話の筋がよく通るのではないだろうかと思って敢えて一章を草した。私が大学に入ったばかりの年、ドイツ人の教授が、「ドイツ人が近代において体験した悲劇は、多かれ少なかれ直接ルターにさかのぼる」と断言したのを聞いて妙に感銘させられたが、その後ドイツの国とその歴史を多少知るに及んで、彼の言の真なることを知った。

## 3　共稼ぎ孤児《シュルッセル・キンダー》

シュルッセル・キンダーというのは、普通辞書には出ていない言葉だが、直訳すれば「鍵の子供」という意味になる。

私がこの語を初めて見たのは駅のポスターだったと思う。大人の男女が手を組んでいる姿のシルエット風の絵の前景に、子供が鍵を持ち、指をくわえて立っている構図のもので、その上に「シュルッセル・キンダーを作るな」という文字が書いてあり、下の方に小さく、カトリック教会、エヴァンゲリッシェ教会と二つの教会の名前が並んで出ている。今度の大戦の後、二つの教会の関係が前よりずっとよくなってきたとはいえ、まだまだ対立感情が強く、連名でポスターを出すことなどはないことだから、珍しいと思って写真に撮っておいた。

その意味をドイツ人に聞いたら、これは夫婦共稼ぎ反対のポスターなのだそうである。父も母も働きに出ると、子供は鍵束を持たされて家庭に放置されることになるが、こういう子供たちがシュルッセル・キンダーと呼ばれるのである。

今のドイツは十分豊かであって、男がまともな職業についておれば、共稼ぎの必要はないはずだという見地から、両方の教会が反対しているのである。母が家にいない家庭は、すでに家庭の機能を失っているのであり、少年少女の不良化、あるいは少なくとも不幸化はここから生ずる。伝統的なキリスト教観からすれば、家庭こそ最高の価値あるもので、職業も、家庭を維持し、よき次代を育てるという点に本来の意味があるというのであるから、二つの教会とも共稼ぎを嫌うのである。だから共稼ぎを必要とする社会機構はキリスト教的ではない。生活ができるのに主婦が外で働くのは、主として不必要な贅沢品を買いたいためである。そのような不要な雑品、あるいは週末旅行などのために、本来、最高価値をおかれるべき家庭が壊されてはならない、という断乎たる立場を教会はとっている。だからドイツでは共稼ぎすると、まともな人たちとは交際しにくい。道徳的指弾を多かれ少なかれ覚悟しないといけないのである。

こんなことがあった。教会直属の設計技師とドイツ文学専攻のドイツ学生と私の三人が、日本から来た某建築家を連れてヴェストファーレン地方の近代教会建築を見学するため、ドライヴをした時のことである。案内役をしたこの設計技師は、シュレージエン地方（東ドイツ）から避難して来た者で、また、私の友人のドイツ人学生もシュレージエン地方からの避難民であったところから、共通の話題があって、大いに楽しい一日を過ごした。

ところが翌日その学生が憤慨に耐えぬような口調で私に言った。

「あの設計技師の奴はけしからん。彼の職業は非常に収入が多いはずだ。しかるに妻君も働いているということだった。しかも彼は教会直属の設計技師だ。ああいう非キリスト教的精神の者が教会に直属して働いているのは面白くないんだ。」

この学生が熱心なカトリック信者であることは前から知っていたが、生活に困らぬ者が共稼ぎするのを「非キリスト教的」と非難するのには驚いた。これは別に特別な例でなく、私の周囲の学生には、多かれ少なかれ、こういう風潮が強かった。

## 4　Cujus regio, ejus religio. の落とし子

ギリシア文学専攻の女子学生で、時にはダンスにも一緒に行ったことのあるヨハンナ嬢から聞いた話。

彼女の姉は教師で、ミュンスターから遠くない村の小学校に勤務しているが、あまり勤務が面白くないということである。その理由は、クラスに精神薄弱児とまではいかないまでも、それに近い、頭が悪くて手のつけられない子供が実に多いというのである。この理由が四百年前の宗教改革にあるというのだからちょっと意外だ。

ヴェストファーレン州は概してカトリック地域である。しかし中にはルター派の領主も大海の小島の如く点在している。三十年戦争の結果、「領主の宗教は領民の宗教」という立場がとられたため、そこの小領土だけ、カトリックの中にぽつんとルター派として残っ

た。四隣の村とは宗教が違うので結婚できない。このようにして四百年も近親結婚を重ねてきたため、こうした例が多くなったというのである。

　これが日本の山奥みたいな交通不便な所ならともかく、中央ヨーロッパの平野の真中に点在しているから面白い——といっては悪いが興味がある。今のはカトリック地域のルター派の村の話であったが、ルター派の地域に点在するカトリック集落も同じ事情にあるわけである。だから小学校の先生も、こういう散在する宗派違いの村にはあまり赴任したがらないとのことである。これこそ本当に宗教改革の落とし子というべきであろう。

　ドイツは今次の大戦で敗れ、東ドイツからの民族移動（といっても差支えないくらいの避難民の群）のため、上述のような状態はだいぶ変わって、今までのような宗教的に純粋な村は消滅してきているといってよい。しかしまだまだといった例も少なくない。

　シュナイダー教授夫人が私にこぼしたところでは、近所の子供たちがシュナイダー教授の子供と遊んでいると、その親たちが「エヴァンゲリッシェの子供とは遊ぶな」と言って叱るのだそうである。ミュンスターは元来カトリックの町だから、シュナイダー家の近所もカトリックだったらしい。ミュンスターのような大学町でもそうなのだから、一般の村においてをやである。

三十年戦争の戦塵が収まってすでに久しい。「だのに」である。このような執拗な種類の精神的な争いが日本に存在したことを私は寡聞にして知らない。四世紀以上もの間、カトリックもプロテスタントも、その脳漿《のうしょう》をしぼって論争していたわけである。これで精神科学が振興しなかったら、振興しない方が変なのだ。

明治以来の思想界がその俊敏な頭脳を擁しながらも、どこか一般から遊離した感があったのも、その原因はこの辺にあったのだろう。「西田幾多郎の『善の研究』を繙かないほどの高校生（旧制）はいない、しかし卒業してからこれを繙く者もいない」といわれたのも、結局、西洋哲学がその背景なしに入ってきたという、日本の学校の哲学教育に最大の原因があったのではなかろうか。大部分の学生は、初めのうちこそ珍しいものにとびつくが、それを実感として受けとめ、自己の人生観と対決しつつ生きるということがないため、西洋哲学に恒久的な興味を抱き続けることが稀になるのだと思われてならない。

## 5　堕胎と産児制限

前に述べたところと多少重複するところも出てくるが、ここでまとめて、もう一度この問題を考えてみたい。

堕胎に対しては二つの教会とも反対であり、法律も厳しく罰することになっているが、受胎調節となると二つの教会は異なった見解を示す。カトリックは自然を尊ぶ意向から、禁欲とクラウス・荻野式（これは禁欲の要素を含むものである）以外の調節には反対である。エヴァンゲリッシェの方は人工的な調節に特に反対しない。

さて、一ヵ月にドイツで売りさばかれる避妊用サックの数は八百万箇と言われ、ドイツは今日の西欧で、もっとも出生率の低い国の一つとなっている。カトリックが産制せずに、プロテスタントが産制を許したら、人口構成におけるカトリックの比重が急速に変わるだろうということが一般に推察される。しかしドイツのカトリックの識者をして渋面を作らせていることには、カトリックもエヴァンゲリッシェも、あまり出生率が変わらない点である。そしてカトリック側の出生率が意外に低いことが、全部禁欲による調節でないことは明らかだからであろう。

イギリスやオランダは、宗教改革後完全な新教国として出発したわけだが、その後のカトリックの増勢はすばらしい。オランダにおける両派の率は今日では約半分半分に近い。イギリスでは一八二九年まで、すなわち百三十五年前まではカトリックは国禁であって、日本のキリシタンとやや似た状態であった。ところがその後、カトリックの数は急速に増加している。特にインテリの中にこの傾向がいちじるしい。私がオックスフォードに留学していた時、ダラムの大学（北英）の教授が夏休みの研究のために出てきて同じ所に宿泊しておられたが、この人の話によると、三十年前、彼が学生だった頃のカトリック学生は問題にならなかったが、彼の大学では半数近くカトリックになっている学部があるそうである。

しかしドイツにおける傾向は、これらの元来プロテスタントであった国と多少違っているように見える。カトリックは大いに尊敬されながらも、その禁欲的な教えは、ますます護られなくなってきているような印象さえ受ける。「ドイツでもっとも尊敬される職業」というアンケートでは「司教」や「聖職者」が第一であるのに、「将来どんな職業につきたいか」というアンケートでは、教師や技師は多いが、司祭になりたいという数はぐんと少ない。別の言葉で言えば、カトリック教会とその教えは高く評価されているが、それは尊敬されるにとどまり、実践と結びつきにくいということである。

一言にして言えば、カトリックの理念が復活し、特にその傾向がインテリの間でいちじるしく拡がってきたのに、大衆が享楽主義《ヘドニズム》に向かっているということである。

これと関係ありそうなのは、カトリックの家庭における子供の数で、今、中年以上の司祭や修道女を布教地に送っているような家族は、八、九人から十人以上の兄弟姉妹の家庭である場合が少なくない。これはだいたい第一次大戦前の世代である。第一次大戦後、第二次大戦の間の頃の良きカトリックの家庭というのは五、六人というのが多いようだ。戦後は三人も子供があれば、「うちは子供が多くて」と言うくらいである。これは大雑把なわけ方で、そうでない例もあろうが、私の知る限りでは一般に妥当するようである。

人口増加率と修道院に入る率との関係はよく知らないが、一般に人口の減少は国力の低下を示すと言われる。それと同じく、修道院に入る人の数の減ることは、その国の精神力の低下を示すのではないかと考えることがある。修道院生活というものは、完全なる献身を意味する。自己の信念のために、献身や犠牲をいとわぬインテリが相当数いるということは、その国のどこかに活力がある証拠であろう。ヨーロッパがかつて、何万もの司祭や修道女——高度の教育を受けた、しかも良家の出身者が多い——を世界のすみずみまで送っていたことは、普通、西洋文化の研究者の注目を惹かぬところであるが、当時の西洋の精神力の証左を見るような気がするのである。

「西洋の没落」ということが言われ出してから、もう一世代も経過したが、その没落はアメリカやソ連の出現といった外的なものより、自己犠牲を敢えてする人間が、西洋では減少してきたという方に根本的な徴候があるのではないだろうか。

面白いことには、物質主義的と見られているアメリカにおいては、カトリック内でももっとも厳格な戒律を奉ずるトラピスト修道院が、どこも満員で、いくら建てても間に合わない、ということである。トラピスト会は一部の人が想像するように、失意の人やニヒリストの逃避所になり得るような甘い所ではなく、心身共にもっとも強健な人でなければ勤まらぬ所である。そういう修道会が超満員というところに私はアメリカの知られざる活力の徴候をみたいのである。

日本でもこの傾向が強いのは心強いことと言うべきであろう。才能、健康、家庭状況などに申し分なく、ちゃんとした職に就き、結婚し豊かで平和な家庭生活をやろうと思えばやれるのに、断然、神と人への奉仕のために自己を犠牲にしようとする人——途中でいくらかの脱落者が出るかも知れないにしろ——が、この社会にかなりの数がいることは、なんといっても心強いことである。

西洋は本当に没落するのだろうか、というような大問題は、論ずる気もしないし、また、資格もないのであるが、今の西洋の大衆の多くが、いちじるしく快楽主義的であり、軽薄な合理主義者であり、底の浅い進歩主義者であることは西洋の最大の悩みであろう。このような考え方は、一世代前の西洋のインテリを冒《おか》した思想であった。しかし今の西欧のトップのインテリはもうこんなことは考えていない。ドイツの作家でも、ル・フォール、ランゲッサー、ベルゲングリューン、それに今若いドイツの学生たちにもっとも多く読まれているラインホルト・シュナイダーなど、いずれも断乎とした正統的キリスト教徒であり、これはイギリスのT・S・エリオット、グレアム・グリーン、イヴリン・ウォー、フランスのガブリエル・マルセル、ベルナノス、モーリアックなどと平行現象をなしている。これを一世代前のヘッケルやH・G・ウェルズなどの流行と比較すると感慨無量なるものがある。現代の西洋の大衆は、一世代前のウェルズ的思想のエピゴーネンであるのに対し、今の西欧のインテリは、驚くほど敬虔なのだ。一世代前は、インテリが軽薄な進歩家であったのに、大衆は敬虔だったのだが。

もし大衆というものが、高度のインテリの思想に、一世代くらいずつ遅れてついてゆくものとすれば、もう二、三十年先の西欧の大衆は、もっと敬虔に、もっと神を懼《おそ》れるようになるかも知れない。事実、今の青少年の運動にいろいろ接してみると、敬虔の要素の強いものが多いようだから、この辺に希望があるとも言えよう。

## 6 宗派的雑婚《ミッシエエーエ》

マーガレットさんはカトリックであるが、彼女の恋人はエヴァンゲリッシェであった。彼女は学位のある独立した開業医であったから、他の点で結婚できないということはないわけだが、二人の宗派の違いということが最大の難関だったようである。

「私は彼を愛しています。しかし宗教《コンフエシオン》が違うので、それで困っているのです。」

親しくしていた関係上、彼女は私にもこんなことを言うことがあった。マーガレットさんの家庭はみな敬虔なカトリック信者で、しかも長兄はカトリックの司祭である。彼女の姉はブラウエ・アルミー（青軍）という、カトリックの中の反共運動グループの地区委員、彼女自身、レギオン・マリエというカトリック・アクションの一グループの指導さえしているくらいであるから、なおさらのこと困るのである。

このため、マーガレットさんのエヴァンゲリッシェに対する関心も強く、よくカトリックとエヴァンゲリッシェの人の話し合いの会に出席したり、また、時には自ら主催もしていたようである。私も招待されて――私自身も大いに興味があったから――よくそういう会にはオブザーヴァーとして出席した。しかしいつも驚かされたことは、両派の相手側に対する知識が実に貧弱で、一般日本人が戦争中に英米人に対する如きものであったことである。すなわち「鬼畜米英」式なのである。宗教改革以来四百年も経って、しかも啓蒙思想や近代思想や敗戦という事態を経てさえこのくらいなのだから、昔はさぞやと溜息が出るほどなのである。

私が日本人として公平に耳を傾けたところでは、カトリックのエヴァンゲリッシェに対するよりも、エヴァンゲリッシェのカトリックに対する無知の度が、やや高いようだ。たとえば今になっても聖母マリア崇拝を偶像崇拝として攻撃してやまないというが如きである。キリストに祈る時は「我等の祈りを聴き容れ給え」(Exaudi nos)だが、マリアの時は「我等の為に祈り給え」(Ora pro nobis)だというようなことは、いくら繰り返しても絶対に通じないようである。話がローマ教皇になると、その無理解には悪意さえ含められる。また「カトリックには偉大な音楽家はいない」などと平気で主張する人もいる。グレゴリアン音楽や、モーツァルト、シュトラウス、ベートーベンをはじめとするウィーンで活躍した音楽家たちのことなどは頭になくなるらしいから、まったく宗派心というのは恐ろしい。

両派の人々が、初めは至極なごやかで、お互いをよりよく理解しようという友好的な雰囲気から始まりながらも、その集まりの終わり頃になると、一般市民の集まりとしては、考え得る最悪の状態となってもの分かれとなるのを、私は何度目撃したことであろう。

たとえばこうである。

「あなた方カトリックの先祖は、無数の新教徒を殺したではありませんか。」

「殺すということを問題にする気なら、殺された数を比較してみるがいい。どちらが多く殺したか。」

こうなると、日本人が普通想像している「理性的」なドイツ人の面影などはすっとんでしまう。そして、こういう血刀をひっさげたような議論をやっているのが、若い学生ならいざ知らず、中年のサラリーマン、何人もの子供のある主婦、妙齢の婦人、また、よぼよぼのおじいさん、つまり、ごく普通の市民たちだから恐れ入るのである。

このようなドイツ人の――おそらくヨーロッパ人の――宗教に関する極度の敏感さと情熱をまのあたりに見る機会を何度かもったことは、少なくとも私にとっては、ドイツ史とドイツ哲学史に実感をさそい入れる機縁となった。このような激しい議論の末に、西洋における寛容という啓蒙主義的概念が自然発生したのであろう。つまり、信条に関しては寛容の余地はあり得ぬが、自分と違う信仰を持っている人間に対しては寛容であろうとする意識的な努力が。

だから職場での知合い（つまり、市民としての知合い）には宗教の話はしないし、また、相手の宗派を訊かない方がよいというのもそこである。いったん相手が自分と異なった信念を持っていることがわかれば、たとえ寛容の精神に徹しているとは言え、多少不愉快になるに違いないからである。仏教や神道を奉じている日本人なら、全然関係のないことで問題にならない、というよりは珍しがられるくらいのものだが、ドイツ人はそうはいかない。今まで親しかった者同士でも、相手の信条を訊いて違った宗派であることをお互いに知って、なんとなく気まずくなってしまったということは、ドイツではよくある例だ。

相手が日本人と見て、宗教などを訊いてきたら、ちょっと当惑した面持ちで、「言わなければなりませんか」と静かに訊き返すことである。相手は、はっとしてむしろ非礼、あるいは自分のはしたなさを詫《わ》びるであろう。そしてそれでよいのだ。その時、「私は新教徒です」とか「カトリックです」とかを、断乎とした調子で言うと、友情に暗い翳《かげ》がさす危険率が五十パーセントあることになる。訊かれた時は言わないでおいたのを、相手の人が後でどこかで知ったとしても、別に悪く思われることはない。自分の宗教をあまりはっきり前面に押し出したがらなかったこっちのデリカシーを、ある種の教養として認めてくれるからである。

さて話はマーガレットさんに戻《もど》るが、彼女はついにエヴァンゲリッシェのその男性と結婚した。いよいよ踏み切るまでは、煩悶も大きかったと見えて、気分がすぐれないように見えた時が多かった。

「私は少し気が変になったとでも思われるでしょうね。」などと、気落ちしたような調子で、私にまで言うことがあった。

ところがこっちは、結婚と宗教がまるで関係のない国から来ているわけだから、宗教が違った者同士の結婚などを見ても別に感慨もないのだが、彼女にしてみると、心ある人の軽蔑を招くに十分な行為なのである。名家のことゆえ、一族の心配もかなりのもののようだった。彼女の嘆き、煩悶を聞かされるたびに、私はいつも次のように答えていた。

「貴女が彼と結婚しなければ、彼も永久にカトリックの真理に触れることがないかも知れない。しかし結婚すれば、終油の秘蹟ぐらいはカトリックで受けることになるかも知れないし、子供をカトリックとして育てれば、それは無限の可能性を意味します。」

彼女は私のこの言を多とし、他の人にもこれを繰り返していたようである。こんなことは当たり前の話なのだが、こう考えるドイツ人がいかに少ないかの証左でもある。

結局彼女は、いろいろの誓約と制約の下でカトリック教会で式をあげた。初婚なのだから白衣でやるべきなのだが、「老嬢《アルテス・フロイライン》だから」と言って、黒装束に黒ヴェールで結婚した。

アンガムントのエリザベートさんの妹さんの恋人は、工科大学の学生だがエヴァンゲリッシェである。エリザベートさんの家はカトリックである。ところが両家とも「よき信者」なので、どちらも譲歩しない。マーガレットさんの場合は、夫君の方が啓蒙思想家的で、宗教にあまり重点をおかなかったから、マーガレットさん側の決心だけで事は済んだわけだが、今度の場合はなんともならない。それに親も反対である。それでこの幼い学校時代から親しんできた二人は、結婚適齢期のぎりぎりのところまで相愛の中に問題の解決を試みながらも、遂に別れた。宗教の価値はすべての価値に先行すると断然確信し、実行している若い世代を、私は身近に見る経験を得たわけだ。そしてこの例は決して例外ではないのである。

このような工合だから、初めから宗派の違った人との交際を避ける人もいるわけである。大学のダンス・パーティでも、その主催するグループの宗教が違う場合は、招待されても出かけないという女の子もずいぶんいる。なんとなれば、年頃の青年男女の交際は、いちおう結婚の可能性を前提とすべきであり、その見通しがないところでは、それは時間とエネルギーの浪費以外の何物でもないし、それに万一、そんなところで宗派の違った人と恋におちいるならば、自分の不幸のみならず、両親兄弟を悲しませることになるというのである。そんなことを言う女子学生は、必ず身内に、あるいは知合いに、宗派の違った者同士の恋愛と、その悲劇的葛藤《かっとう》や結末を見ているに違いないのだ。

## 7　ナチスの人々

私が知合いになったナチスの人々もだいぶいるが、二、三の典型的な例を紹介しておこう。

一人は大将であったが、私のような小僧っ子には内幕などは打明けてくれないから、たいした参考にはならなかった。奥さんも同伴で劇場などにも行ったことがあるが、そういう時は戦争の話はしないに決まっている。ただ、日本人に対して、非常な好意を持っているらしいことは確かであった。

もっと親しくなった旧ナチスの人の中に、海軍大佐と陸軍大尉の家庭がある。二人とも子供が大学生だったので、休暇の時などは、一週間、十日と泊まりこんでいたから、かなり打明けた話を聴く機会もあった。両者とも宗教はエヴァンゲリッシェである。既に述べた理由で、よいカトリックはナチスであり得なかった。また、カトリックでナチスになった者は、生まれた時の洗礼だけの話で、あとでは教会から離れたり、また、教会の敵になった者が多い。ヒットラーやゲッベルスがその例である。

海軍大佐氏は、体のがっしりした痛快な人で、北極海の入口あたりまでも行ったことのある歴戦の勇士である。声が太く、唄が上手であった。彼の家庭では、宗教は一般の日本の家庭級で、葬式とクリスマス以外はほとんど生活には顔を出さない。

ある晩、食後に話し合っている時、彼はこう言った。

「人間の霊魂の不滅というようなことはわからないし、また信じもしない。もし人間に不滅というものがあれば、それは結婚によってなし遂げられると思う。結婚すれば子供ができる。そしてその子供からまた子供ができる……。」

そしたら彼の子供たち（私の友達の大学生も一人含めて）が口を揃えて、「そりゃ唯物的すぎるよ、お父さん」と非難したので、彼は「そうか」と言って哄笑した。

こういう家庭では、やはり日本の場合に似て、男の方は宗教に無関心であっても、女性の方が素朴な信仰を持っている場合が多い。ここの家の主婦も私に向かって、「貴方の国はまだ〈異教徒《ハイデ》〉というわけですか。」というような言い方を用いたことがあった。すると夫君の大佐も、男の子供たちも、これを聞き咎《とが》めて、きびしくたしなめた。「異教徒《ハイデ》という言い方はいけないよ。宗教というのはなんだって同じなんだから。」

主婦の方は「そうかね」と別に反発をするのでもなく引き下がった。

私はこの短い対話の中に、名目上のエヴァンゲリッシェの家庭の雰囲気がよく出ていると思った。女性たちはなんとなく信仰を持っている。そしてキリスト教をなんとなく一番よいものだと考えている。しかし宗教についての知的な反省とか、知識とかはない。一方、男性は特定の信仰を持っていない。名目上はキリスト教に属していながらも、キリスト教に特別の価値をおいているわけではない。こういう人たちの生活感情は、日本人に一番わかりやすい。まったく同じだからである。日本の普通の男たちも、家が浄土宗なら、家族が死んだ時、浄土宗の葬式をやるが、その宗派を信ずるわけでもないし、また特別の知識があるわけでもない。

前にも触れたように、シュナイダー教授も、自分は名目上はエヴァンゲリッシェであるが、超自然のものがあるとすれば、すべての民族にそれぞれの形で現われるはずであって、一定の宗教は必要でなく、人類への誠意と愛こそ必要なのだと言っておられたものである。しかし夫人は、食事の時も子供と一緒に祈り、また子供を寝かせつける時も一緒にエヴァンゲリッシェの祈りをしておられた。こんなところが、エヴァンゲリッシェのインテリの家庭に多い形式らしく思われた。

陸軍大尉氏は、かつて小学校校長であったが、ナチスの将校であったため、戦後は平教員に格下げされたのだそうである。半白な頭をして、見るからに精悍《せいかん》な感じのする人で、プロシア的ドイツ人の典型を見るような気がした。その夫人は温和な、そして敬虔なエヴァンゲリッシェである。家庭の教養はすこぶる高く、長男は工学博士で工科大学講師、次男はエヴァンゲリッシェの神学生で大学で勉学中、長女はペダゴギッシェ・アカデミー（日本の師範学校に相当する）の学生、三男が小学生という顔ぶれである。一家には音楽的素質もあって、いつぞやは夕飯後ずっと、夜の一時半頃まで歌って過ごしたことがあった。母と娘が代る代るピアノに坐った。これはよきエヴァンゲリッシェもナチスであり得た例である。

大尉氏は、パリの占領にも、また、コーカサス作戦にも参加したという、東部西部両戦線の体験者であった。パリ攻撃の時は、中隊の三分の一にしか銃が渡らないくらい、既に物資に不足していたそうである。また、パリで捕獲したトラックに乗ってコーカサス作戦に参加したが、そのトラックが少しも故障しなかったというので、フランスの自動車工業をほめたりした。コーカサス方面の戦況については、兵站線《へいたんせん》が長くなりすぎたので、途中のゲリラのため、輸送が実際上不可能で戦闘ができなかったり、おまけに寒気が厳しく、機関銃の油が凍ってなんともしようがなかったのであって、敗戦はソ連軍には関係がなかったとも言った。ソ連軍の戦車はアメリカ製のものだったそうだし、カチューシャ砲は音ばかりで恐ろしいことはなかったが、一番苦手だったのは、なんといってもゲリラだと繰り返して言った。

「犬が帰還した時は、一緒に散歩していても、街路樹や公園の樹の間に人がおりますと、ぎょっとして立止ったものでございます。余程ゲリラがこわかったのでしょうね。」と夫人も口を添えた。

以上は普通のナチスの将校であるが、今度はナチスの中核をなしていたSS（親衛隊員）の話をしなければならない。

私が勤務していた比較言語学の研究所に、非常に発音の明確な、全身なんとなく剽悍《ひょうかん》な感じのする三十前後の若い人が訪ねてきたのは、夏休み中の昼下がりのことであった。休み中のこととて、教授も誰もおらず、私一人が当番で留守番していたので、向こうでも妙な奴がいるわいと思ったらしい。なんでもハンガリー語の研究をやりたいので、ハルトマン教授に会いに来たというのだが、教授が休暇で留守だと答えると、「貴方は日本人ですか、シナ人ですか。」ときいた。日本人だと答えると、俄然、百年の旧知に会ったように語りだした。この男とはその後何度か会ったが、差しさわりのないところを紹介すれば次の如くなる。

彼の最初の関心は、神風特攻隊が復員して来た時、どのように処分されたかであった。私が「彼らは同情をもって受け容れられた」と答えると、すぐに「学校には入れたか」と問うのである。

「出身校にはもちろん帰れたし、職業軍人学校出身者の場合は、普通の転入試験で移ることができた。」

この至極当たり前な返答を聞くと、彼は目に異様な光を湛《たた》えながら言った。

「だから日本人は偉いと言うのだ。われわれが帰って来た時は、武装親衛隊（WSS）という烙印《らくいん》を押されて、大学にも入れてもらえなかった。入学許可になったのは、やっとこの頃の話だ。我々は当時のもっとも優秀なドイツ青年だ——知的にも体力的にも。それなのに、戦後書籍が不足の頃は、本も売ってもらえなかった。職業にもつけなかったので、最低の仕事、煉瓦を背中に積んで屋根まで運ぶ仕事をしたものだ。そのうち、ちょっとした発明をして一財産作ったので、今度、大学に入ろうと思っている。」

彼は原子物理を専攻するつもりだが、今日この比較言語学の研究所に来たのは、今、ハンガリーから逃亡してきた学生のグループを指導しているので、それについて話したいことがあったからだそうである。彼は長身、碧眼、金髪で、ヒットラーの喜びそうな、典型的なゲルマン人の姿をしている。彼はナチズムを最善とは思わぬが、アメリカの資本主義や、ソヴィエトの共産主義よりはましであると確信しているとも言った。そして繰り返して日本人の重厚さを賛え、ドイツ人の軽薄さを非難した。三十何歳かになって原子物理学をやろうという彼の意図は理解に苦しむところがあるが、ともかく、彼の学問は、人類の役にはあまり立ちそうもない、と思われた。宗教に関しては訊くも愚かであるから話し合わなかった。

これと関係あることだが、ナチス関係の人は、日本の特攻隊と違って戦後の社会に迎え入れられなかったため、フランスの傭兵になってヴェトナムに行ったり、アラブの練兵士官になった者が少なくないと聞いた。

私がヨーロッパからの帰途、ピラミッドを見物に行った時、そこで遊んでいた子供達がドイツ語を話しているのに注意を惹《ひ》かれた。ひょっとしたら旧ナチの将校の子供かなと考え、同時に例の親衛隊員のことを憶い出したことであった。

## 8　子供の教育について

大胆な観察を一つ提供してみたいと思う。それはカトリックとエヴァンゲリッシェの家庭における子供の教育に対する考え方の差である。これは私が多くの家庭に出入りしているうち、だいたいその傾向があると感じたのであるから、当の本人たちはどう考えているか知らない。

カトリックよりも、エヴァンゲリッシェの方が、より「学校教育」に熱心である。カトリックの方が呑気で、子供はみな大学に行かねばならぬとか、ギムナジウムを卒業しなければならぬとかに、あまり拘泥《こうでい》しないようである。だからギムナジウムを中期で終えて、店に勤めると子供が言い出しても、親は概して平気である。もちろん、家庭が経済的に困るとか、また、子供の頭が悪くて修学が困難であるというのとはわけが違う。兄は大学を出ているのに、弟や妹に「学校だけは出ておけよ」などとも別に言わないのである。

私はカトリックでないカール・ヒルティがその「幸福論」でカトリックの生活を褒《ほ》めている箇所がいくつかあったので、奇異の念を抱いたことがあったが、確かにドイツのカトリック地方では物事は緩《ゆる》やかに動き、がつがつしていないという印象を受ける。ヒルティは、近代の立身出世主義は、その根が無神論にあることを指摘したが、真の信仰が生きている地方では、まだこの弊害に侵される程度が少なく、出世しないと肩身が狭いといった風潮が、比較的稀薄なのである。ヒルティからの左の引用文はもう半世紀以上も昔に書かれたものであるが、今日のドイツにもあてはまる点が多いようである。

「全住民が旧教《カトリック》を奉ずる地方では、……絶えざる労働の督励、『奴隷追いの杖』を見ず、むしろ、もっとも身分の低い人達にすら、単なる労働の生活以上の生活が与えられている。これは実にカトリック教会が、今日なお保有する魅力の一部をなすものであるが、しかしこの宗派も、激励《アジテイション》を始めるならば、やがてその魅力も失われるであろう。」（草間訳、岩波文庫）

出世しなくても軽蔑もされず、出世しても大して威張れない社会というものは、呑気なものである。

この意味で、一般にプロテスタントははるかに近代的である。近代の忙しい階級、忙しい職業というものが、発生的にプロテスタンティズムに結びついている場合が多いのは、故なきことではない。前にもやや詳しく説いたように、ドイツのエヴァンゲリッシェは、聖書主義によって各人勝手な解釈をやり出し、その反動として教義への冷淡さ、ひいては宗教的世界観そのものへの確信がぐらついたのである。カトリックが、今日なお頑固に、よくいえば厳として、この世界を「キリストの神秘体」として見るのと特徴的な差を示す。しかも、今度の敗戦の前は、高級官吏、高級将校の多くがエヴァンゲリッシェであったから、なおさら立身出世主義が身についた。ちょうど日本の親たちが、無理算段しても子供をともかくも大学に入れようとしているのと似ている。いったん現世に対する宗教的見解が薄れると、世俗的段階が唯一無二のものとなるのだから。

既に何度か繰り返したように、エヴァンゲリッシェの家庭を訪問すると、日本のどこにもあるインテリの家庭の雰囲気と同質のものを感ずるのに反し、カトリックの家庭では、ちょっと古くさいものを感ずるといったのも、この辺に関係があるのかも知れない。エヴァンゲリッシェの家庭は、一般的に言って、子供を有名校に入れないと気が済まない親たちのいる日本の家庭の雰囲気と似ているのである。そのせいか、大学の教授などには、エヴァンゲリッシェの方が多いようだ。

また、家庭内の宗教教育について言えば、カトリックは、日曜のミサをはじめ、いろいろの教会の行事に生活のリズムを合わせるという傾向が強いが、エヴァンゲリッシェでは、この点、教会から離れている度が高いと言えよう。寝室に入る前に、孫たちに聖水をもって十字を切ってやる婆さんのいるカトリックの家庭などは少なくないらしい。もっとも、子供を寝かせつけるときは、エヴァンゲリッシェでも夕の祈りをすることが多いようである。食前の祈りはエヴァンゲリッシェの家庭でやっている所も少なくないはずだが、私はついに経験する機会がなかった。

カトリックの家庭では、たいてい一番幼い子が祈りの音頭をとって、大人たちが唱和する。食後もお祈りをやるので、誰か早く食べ終わって煙草でもすいたくなると、「お祈りだけしてしまおうよ」などと言い出す。ともかくみんな一緒に食後のお祈りをしないと煙草が喫えない。エヴァンゲリッシェの家庭ではこのような例は見たことがなかったが、ただ、非常に敬虔な家庭で、食後みんな手をつないで、讃美歌を唄い、それが終わると簡単に神に感謝の言葉をのべるという習慣の家庭があった。だから、食前、食後、あるいは起床、就寝時に、宗教的なことをやるのは、カトリック、エヴァンゲリッシェの差なく、その家庭次第ということになろうが、ただそういうことを守る家庭は、カトリックの方がずっと多いと言えよう。

その他、子供と教会の関係について言えば、カトリックの場合、毎朝教会でミサがある。これには一人ないし二人くらいの侍者が必要で、それはその教区の少年たちの義務になっている。毎朝、早朝からやらされるのではたまらないだろうと同情していたら、教会の司祭の話では、それをやりたがる少年が多くて、わりふりに苦労するということであった。特に教会の祝日や日曜には、大人たちがうんと来るので、とくに侍者のなり手が多いらしい。そういう時は、普段から「よい子」が割当てられるので、優等賞をもらう日本の小学生のような気分で、大いに晴れがましいものだそうである。

教会と信者の結びつきは、カトリックの方が断然強く、かつ濃い。その差は本質的、根本的なものである。

# 9　教会建築

## ①―新教の視覚非難

ルター派は、奇妙なことに、視覚を憎んで聴覚を賛えた。この事実を理解することは、近世のドイツ文化にずいぶん役に立つように思われる。

「カトリックは偶像を礼拝する」ということは、宗教改革以降、よく非難されてきたところである。カトリックには成程、キリストの受難像、聖母マリア像、聖人像その他があるし、その前で香も焚《こう》く。ステンド・グラースには意匠を凝らす。これが異教的だと言われる所以《ゆえん》である。そしてこの見解は、日本のインテリにも、かなり広く行き渡っているように見える。もちろんカトリックのこれらの像は、その像そのものに魔術的な価値があるのではなくて――無知な人の間ではそう誤解されたこともあったろうが、教会当局がそういう見解をとったことはない――、よりよき思念のためのよすが、すなわち亡き親や恋人の写真をかざるのと似たような意味が主である。そして荘厳なグレゴリアン音楽がよき宗教感情を誘い出すと同様、すぐれた聖画、聖像も同じ働きがあり、また、よき香も同じ機能があると考えるのである。

伝統的なカトリックの解釈によれば、存在するものはすべて、それ自体は善である。ただ悪用がありうるのみである。だから人間の五官――目、耳、口、鼻、皮膚――は、すべてそれ自体はよきものであり、善用されるべく存在しているのである。目には秀れた色彩および造型の芸術があるべく、耳には妙なる音楽があるべく、口にはよき食事があるべく、皮膚にはさわやかな感覚（触覚の芸術というのは聞いたことがないが、よき環境、広い意味で空気がよいこと、あるいは正当な関係の者同士における性交なども入れてよいであろう）があるべきなのである。だからカトリックの宗教生活には、すべてが動員させられるように考えられている。この意味でもカトリック（原義は包括的）という言葉はふさわしい。

ところが、宗教改革者の多くは、感覚器官をひどく嫌った。ただ、何の特別の理由もなく、聴覚だけは非難の対象となることを免れた。イギリスの例をとっても、ピューリタンであったミルトンなども、音楽に秀でており、讃美歌など作曲したり、また、オルガンの名手でもあった。事情はドイツでも同じである。ルター派には音楽以外に、宗教芸術はまずはあり得なかったのである。

なぜ、他の芸術範疇は宗教に持ちこんではいけないのに、聴覚の芸術だけはよいのか。これはルターやカルヴィンの個人的趣味のせいであったのか、それとも他に重大な理由があったのかは知らない。おそらく、神の言葉を聞くという意味で耳を別格にしたのかも知れないが、キリストは多くの奇蹟を「見せた」と聖書にも書いているのだから、故なきことである。やっぱりこれは、プロテスタンティズムの各派が、たいていどこかで示している未熟さの故と考えるのがよさそうである。何はともあれ、エヴァンゲリッシェの教会には、讃美歌と説教しか残らなかった。

このことは、近世初期に、なぜオランダに急に風景画が台頭したかの説明になるかも知れない。これはミュンスターで締結されたウェストファリア条約（一六四八年）の結果、オランダが独立して新教国になると、宗教画を排斥する趣旨から――オランダでは特に聖物破壊運動が宗教改革時代に盛んであった――人間の絵画的エネルギーが、その対象を自然に向けたのであろう。

このように、新教各派は宗教的造型美術は異教的と断じてしまったのであるから、教会建築を考える場合、エヴァンゲリッシェのそれは、ほとんど無視して差支えない。

ビザンチン、ロマネスク、ゴシック、ルネサンス、バロック、ロココなど、西洋建築史に関係ある言葉は、元来、すべてカトリックのものであって、プロテスタントは全然関係がない。特にバロックやロココは、日本の英和辞典など見ると、「俗悪な」などという悪い意味の訳がついているので誤解されやすいが、それらの形容詞は、おそらく、昔のプロテスタントの人々で、しかもカトリックに積極的な反感を持っていた人の用いた名残りで、もう今日では通用しない。

このことはジェズイットという言葉でも同じである。今、西洋に行って、バロックと言えば、たとえ反カトリックの人でも、優美なりし西欧の輝かしい過去への憧憬にこそなれ、「俗悪」という連想はもうないし、ジェズイットも「悪がしこい」と使われることは絶え、「子供をジェズイットの学校へ通わせている」といえば、アメリカなどでも自慢になるくらいのものである。日本の辞書の訳語には〔廃語〕という印をつけなければならないのがかなりあるから、注意しなければならない。

話は脱線したが、プロテスタントに「神の家」（教会、すなわち英語のチャーチ、ドイツ語のキルヘは、「主の家《クリアコン・ドーマ》」の「主の《クリアコン》」というギリシア語から生じたもの）を芸術的に作る能力に欠けていたことは確かである。今日ドイツを見て廻って、見事なエヴァンゲリッシェの古い教会を見ることがあっても、うっかり感心してはいけない。そういうのは、宗教改革の時にカトリックから没収したものをそのまま使っているのである。私も最初この事がわからなかったので、誤解していたという経験がある。

さて、近代建築ばやりの今の時代に、教会はどのような反応を示しているだろうか。ドイツは空襲などで壊れた教会も多いわけで、したがって新しいものが多いわけであるが、これはどのようになっているであろうか。見て廻り、聞いて廻ったところを紹介してみたい。

エヴァンゲリッシェは、前に言ったように、ルター以来、理由なく視覚の宗教芸術を嫌った伝統もあって、今日なお、見るべきものがないようである。ただ近代芸術的な、抽象がかった天使の絵や、使徒像などの彫刻などかけてあった礼拝堂などはあるようである。こういう教会に行った時、案内してくれたエヴァンゲリッシェの学生に「エヴァンゲリッシェ教会も、こういうものを使うのですか」と質問すると、彼は思いがけない激しい口調で、「彫刻としてです。崇拝《クルトス》のためではありません。そこがカトリックと違うところです」と一口で言った。

この男は、英文学のかたわら、神学を勉強している学生であったが、カトリックの知識になると、その辺の無知なエヴァンゲリッシェの老婆などと少しも変わらないようなのを見て、私は少しほほえましくなったことを覚えている。

なにはともあれ、教会建築で面白いのは、カトリックである。

## ②—近代建築の教会

「ヨーロッパで一番近代建築が生活に入りこんでいるのはどの国ですか。」

私は二、三のこの方面の視察のためヨーロッパに来ている日本の専門家にこう尋ねたことがある。私も例のOSCO《オスコ》の日本人留学生代表として、ヨーロッパの方々の国の学生寮を泊まり歩いてみたが、ドイツの学生寮がずば抜けて近代的で住み心地がよく、オランダやベルギーの学生たちも、感嘆して羨んでいたものである。

「ドイツでは破壊が徹底的であったから、そうなったのも当たり前だろう。他の国では、わざわざ今まであるのを破壊しなければならないから、事情はドイツの場合より難しいのだ。」

こういう解釈は誰でもすることだが、私が指摘したいのは、「住」の面における近代化が、ドイツでは主として教会から起こったということである。

アーヘンと言えばチャールズ大帝（シャールマーニュ）のゆかりの地で、歴史というものがしみついたような町であるが、一歩その生活の中に踏み込んでみると、おそろしく近代的であることを発見した。チャールズ大帝（紀元八百年頃）の古いドーム（司教座のある教会）で有名なアーヘンが、近代的教会建築史上でも意味ある町であることは、わりと知られていないようである。

アーヘン市中の一教区の司祭は、戦前既に「近代的」教会を建てようというわけで、近代の代表的、あるいは特徴的建築というべき工場そっくりの教会を建てた。「祈りの工場《ベーテン・ファブリーク》」と言われたこの教会は、かなりの話題を播いたと見え、フランスなどからも専門家が見に来たものだと、私をそこに案内してくれた教会美術専攻のファーセン博士が説明してくれた。一般人が、近代美術とはなにか突飛なものであると考え、その絵や彫刻の鑑賞眼さえできている人が稀で、いわんやこれを実際の建築に移すなどということは、ちょっと考えられなかった時代に、その理論を断然実行して、そういう教会を建てた田舎司祭がドイツの隅にいたことは注目すべきである。

由緒ある古い教会が昔の通りに建て直された例は別としても、戦後のドイツのカトリック教会は、さながら近代建築展といった観がある。西洋と言えば、どこへ行っても後期ゴシックの尖塔が立っているというのは既に過去である。ゴシックで有名なケルンでさえ、今日は近代建築で有名なカトリック教会が多くあって、貸切りバスの見学コースにさえ入れられている。

近代のコンクリートと鉄筋、ガラスやその他の素材は、過去の時代には不可能であった造型への可能性を開いた。そして抽象画、あるいは象徴芸術は、宗教的雰囲気やミスティシズムの表現において、従来の手法より勝っている点もあることを示した。鐘楼と教会を離して建てたり、船の形の教会を作ってみたり、戦時中の要塞をそのまま使って教会にしてみたり、まったく一つ一つが独創と個性に満ちていて、教会めぐりが建築展めぐりになるのも、戦後のドイツ風景というべきであろう。

しかし教会建築をこのように近代化することに対して、田舎の人たちの伝統的なセンスが反発しなかったはずがない。司祭はこれをいかにリードしたか、ヴェストファーレンのある小村の司祭から聞いた実例を紹介しておきたい。

ヴェストファーレンの田舎と言えば、人間が頑固で保守的なことで知られている。そこに近代芸術の枠を取り入れた教会を建てることは、それほど容易なことであったわけがなく、実際、住民たちはあからさまな反感を示した。しかしここの田舎司祭のとった啓蒙手段というのが面白い。彼は村の子供たちや青年男女を集めて、パンフレットなど渡して、近代美術や近代建築の講座をやったのである。そしてこの見地から、今建てられかかっている村の教会の説明をした。高度に象徴的なステンド・グラースの絵にも説明が与えられ、若い頭脳はこれをよく理解した。それで父母達や祖父母達が、「今度建つ教会は変ちくりんだ」などとぶつぶつ不平を言う時、その新しい意味をよく説明してやるという工合で、青少年や子供たちが、司祭の側に立って老人たちを教育したのである。
「そのようなわけで、村の人々は、今ではみんなこの教会を愛しており、近村のまだ古い教会を持っている所に対して誇りさえ感じております。また、古いスタイルの教会を持っている所では、今度建てる時には、近代的《モデルネ》にやろう、と言っております」とのことであった。

考えてみると、このような現象は西洋の歴史において、珍しいことではなく、むしろ本質的だったわけである。昔ゲルマン人を教化した時、カトリック教会は宗教のみならず、生活のすべてにわたって教導したのである。上は法律や大学、家の造り方から、下はダンスの踊り方や酒の造り方まで教えたのである。そして今では古いと思われるゴシックやロマネスクも、当時は非常に新しい建築様式だったわけなのである。

私はこのような教会の時代先行性というものを身近に見て、ヨーロッパとキリスト教というものの結びつきを改めて考えざるを得なかった。日本のカトリックは、産制反対とか共産主義反対とか、「反対」はよくやるが、積極的指導性においては見るところがないから、日本の今のカトリックを見て、ヨーロッパ――少なくともドイツの――カトリックを推量することは、かなり難しいことのようである。

# 10 「マタイ受難曲」から

## ①――劇場で聞く受難曲

「マタイ受難曲《マテウス・パシオン》」は、日本でもわりによく知られている曲目であるし、また、これが映画化されたものもあった。私もこの映画を数年前新宿で見たが、途中で居睡りしてしまった覚えがある。なんでもキリストの受難を示した絵画とか彫刻が、つぎつぎと写し出されてくるのであった。私はこの曲から退屈という印象を受けた。だからひょっとしたらこの曲を二度聴くことはなかったかも知れないのであるが、思いがけず、この曲、およびバッハそのものまでに興味を持つようになったのは、次のような次第からである。

「マテウス・パシオンの切符がありますが一緒にいらっしゃいませんか」と懇意のドイツ人が言ってくれたのは、四旬節も、もう余すところ数日という時であった。

ミュンスター市には、当時西独随一の近代的劇場があり、その外見が、ガス会社のタンクに似ているところから、市民たちは「クルトゥア・ガソメーター」(文化ガスタンク)と愛称していたものであった。天井に無数のランプが不規則につるされているので、それを見ていると、間違いなく頭痛が起こるようにできているので、あまり上の方に席をとることは危険であった。

さてその晩は、我々はこの劇場のわりといい場所の切符を手に入れて、百五十人ばかりからなるコーラスに耳を傾けた。原文《テキスト》はあらかじめその知人が貸してくれたので、前もって勉強しておいたし、また、ドイツ語の聴き取り能力も、かなり進んでいたため、歌っている内容にそのままついてゆけたので、前に映画でみた時とは比較にならぬほど興味深く聞けて、三時間以上の緊張もむしろ快いものであった。

これが終わった時、その素晴らしい出来栄えであったにもかかわらず、ちっとも拍手が起こらないので不審に思ったら、四旬節中は、劇場では喝采しないことになっているとのことであった。もっとも受難劇に拍手するというのは、敬虔な信徒にはできないことに違いない。

## ②――修道院で典礼として聞く受難曲

この公演を聞いてから数日後、私はベルギーはブルージュ郊外の聖アンドレア修道院に客として復活祭を迎えた。これは同修道院が、アジアやアフリカからの留学生を何人か、その宗教に関係なくまったくの好意から宿泊させてくれたものであった。私はミュンヘン大学で医学を勉強している金さんという韓国人留学生と一緒に出かけた。この修道院は、古いベネディクト会のそれで、礼拝堂――と言っても東京にあるたいていの教会よりは大きい――はいろいろな時代に応じて造り足され、七つの時代のそれぞれ異なった建築様式が組み合わされているという面白いものである。

私は生まれて初めて修道院の中に寝泊まりすることになった。千何百年もの伝統を持つ西洋の修道院の生活というと時代離れがしているが、今日のオックスフォードやケンブリッジのカレッジの生活と似ていると思えばだいたい間違いがない。これらの大学は元来修道院だったのだから、建築様式も生活様式も、古い修道院のそれと酷似しているわけである。だから、聖アンドレア修道院の生活は、イギリスのカレッジの生活の原型みたいなものである。そういえば、オックスフォードの卒業式なども司祭の叙品式とそっくりで、これもカトリック修道院の名残りと言うべきであろう。

修道院の毎日の日課は朝の四時に始まって夜の八時に終わる。ベネディクト会はカトリック修道会の中でも最古のものであり、カトリックの典礼やグレゴリアン音楽に寄与するところが大きかった修道会であるから、儀式は荘厳典雅そのものである。特に復活祭直前の聖週間は、聖書に記されたキリスト磔《たっけい》刑前後の模様が、そのまま典礼化されて行われる。たとえば聖木曜日の午後の式には、修道院長（司教相当の権威がある）が、修道僧達の足を洗ってやる式もある。これは聖書によると、キリストが磔刑になる前日（すなわち木曜日）に、使徒達の足を洗ってやりながら、「わが汝等に為しし如く汝等にもなさしめん為なり」と言ったとあるので、その故事に基づくということである。そしてこの聖週間の後の日曜が復活祭の大祭日となるわけである。

この聖週間の典礼に出ているうち、今までぼんやりしていて気づかないでいたことに気づいた。それはこの聖週間の式で手にしている典礼書の文字が、つい最近、ミュンスターの劇場で見ていた「マタイ受難曲」の楽譜のテキストと同じだったのである。考えてみれば、キリストの受難に関する記事を、新約聖書のマタイ伝のテキストを用いて曲をつけたのがマタイ受難曲で、ルカ伝を使えばルカ受難曲、ヨハネ伝を使えばヨハネス受難曲となるのは当たり前の話だったわけで、今頃気づくのが迂闊《うかつ》なわけであった。

普通は受難曲を、修道院の中の典礼として聞かず、レコードや劇場で音楽として聞くので、マタイ受難曲はバッハが初めて作ったような錯覚を起こしていたのである。ところが、この修道院では、聖週間のうちに、マタイ受難、ルカ受難などを、その日の聖書によって変えながら、毎日典礼の形で（もちろん音楽が入る）やっている。そしてその創立を六世紀にもつベネディクト会の古さに比して考えれば、その典礼の完成は後のものであるにせよ、バッハの出る何百年も前からやっていたに違いない。

私はこの修道院に滞在した数日間——静かなベルギーの森の中の修道院の生活は、考えるための時間はいくらでもあり、稀にみる落着いた日々であった——、この平凡な発見に憑かれたようになってしまった。バッハの音楽とベネディクト会の典礼と、この対比によって、いわば私の眼の鱗が落ちたような気がしたのである。これ以後、私の見る西洋の歴史や文化はまったく別のパースペクティブを持つことになった。

バッハとベネディクト会……、受難曲はそのテーマも文字も同じである。しかしバッハの場合、対話は舞台の上でコーラスをやっている人々の間にのみ交され、他の人々、すなわち聴衆、観客はこれを鑑賞するようになっている。一方、ベネディクト会の場合は、対話的コーラスは、司祭と侍者と、参列する信徒の間において交流的に起こる。しかもその場合、わずかではあるが、高度に象徴的な動作が加わる。すなわち、前者は一個の天才による芸術作品で、他の人によって鑑賞されることを目的としたもの、後者は無数の聖者、修道者の勤勉により、数百年の歳月を経て発生してきた神と人との芸術的交流形式であって、参加者もその一部となるから、鑑賞者というものは予想されていない。約言すれば、一方は宗教的感情であり、他は宗教典礼そのものである。

バッハがどういう動機で「マタイ受難曲」を作ったか具体的なところは知らない。しかし聖週間から復活祭にかけての有機的展開をなす雄大なベネディクト会の典礼にくらべるならば、バッハの方はなんといっても彫刻におけるトルソーにすぎない。全体はそこにないのである。

受難の前には「最後の晩餐」がなければならない。そしてそれは、「是は汝等の為にわかたるるわが体なり。我が記念としてこれを行え」との一言をもって聖体の秘蹟となる。参加する人がこれに与《あずか》らなければ、そもそも受難の意味はなくなるのである。また、受難の後には復活の真の喜びがなければならない。胸の底から溢れ出るような歓喜に満ちた復活の典礼を体験した時、人は初めて聖週間の受難の典礼の結論を見るのである。しかしバッハの属したエヴァンゲリッシェ教会は、この典礼を放棄していたのである。

このことが、私のバッハに対する興味を冷やすものでなかったことは、つけ加えておかなければならない。ただバッハの「マタイ受難曲」を劇場で聞くのと、修道院で聖週間の典礼に与るのとでは、写真と実物の差があるということを言いたかったのである。

実際、これ以後も、私のバッハに対する興味はますます高まって、機会があれば聞きのがさないようにと努めた。印象深かったのは、ノイ・ドイッチュランドの「冬の祝典《ヴィンター・フェスト》」のプログラムの中に、バッハの教会音楽鑑賞というのがあって、ミュンスターでもいちばん古いカトリック教会で冬の夜に聞いた時であった。ミュンスターの冬は寒く、夜は特に冷えた。石を積み上げた教会の中で、ステンド・グラースと共鳴しながら響くバッハのオルガンを聞くのは、何世紀か時代を逆戻りしたようなもので、いい経験となった。

### ③—西洋史の「領」

バッハにも増して私の興味を唆《そそ》ったのはベネディクト会そのものである。ブルージュ郊外の春は穏かで美しかった。私はこの修道院生活の合い間合い間に、この修道院を囲んでいる森の中に腰を下して、西洋というものを考え直したり、また、ベネディクト会史を読んだりした。四百五十ページばかりのベネディクト会史は、私にとっては一つの光であった。そして古代ローマの崩壊とゲルマン民族のキリスト教化の過程を具体的に知り得たのである。

「領を摑《つか》む」という言葉がある。「領」とは着物の襟のことで、ここを摑めば、着物を扱うのに一番都合がよい。他のところを摑んだのでは、着物をたたむことはできない。私は修道会史とか教会史とかいうものに、それまで本格的な興味をもったことがなかったが、今、これを偶然繙《ひもと》くに及んで、西洋史の「領」を摑んだ気がしたのである。この立場から見ると、西洋について我々がばらばらに聞きかじっていた事が、一つの明瞭な線に沿って自然に関連づけられてくるのである。日本の学校で子供の時から、西洋のことはいろいろ教えられてきたが、どうも身につかなかったのは、まさにこの「領」を摑んでいなかったからではあるまいか、と思えてきたのである。日本にはそれに相当するものがちょっと見当たらない。だから類推がきかないのだ。

ベネディクト会の歴史を偶然読んだことから、他の修道会やカトリック、プロテスタント両方の教会史に興味を覚えだしたことは、なによりも幸いなことであった。私は日本の大学、少なくとも大学院の西洋文化関係のところでは、教会史の大要を課程に織り込まれることを希望したい。これが西洋文化の「領」だと信ずるから。

たとえば、ゲルマン人にも、古代ローマ人にも、ギリシア人にも、「労働は神聖なり」という概念はなかった。労働の神聖観、すなわち「祈り」と「労働」を生活のモットーとして「Ora《オラ》 et《エト》 Labora《ラボラ》祈り、かつ働け」ということを西洋人の頭の中に持ち込んだのは、聖ベネディクトその人であり、これによって西洋の経済もまともになり、いわゆる「西ヨーロッパの形成」ともなるのである。

キリスト教に改宗するしないの問題に関係なく、現代我々が持っている最大最古の西洋文化の生きた複合体としての教会の、文化史的・思想史的研究の必要を指摘しておきたい。何はともあれ、西暦紀元から今日まで、活発に活動しつづけてきた組織・団体は他にはないのだから。

次の一文は、かなり前に読んだ、ランケの法皇史に関するマコーレーの一文であるが、ここに引用しておく。

「人間の政治的知能の作り上げたもののうちで、カトリック教会ほど吾人の研究に値するものは、過去においても現在においてもあり得ない。この教会の歴史は、人間文化の二大時期を相互に結びつけている。パンテオンから犠牲の煙が立ち昇り、ヴェスパシアヌス帝の建てた円形劇場で、虎や豹が跳ね廻っていた時代を想い出させるような制度は、この教会の他にはまたとないのである。法皇の教統にくらべると、もっとも古い王家も、昨日から始まったようなものだ。この教統は絶えたことがなく、十九世紀にナポレオンの戴冠式を行った法皇から、八世紀においてペピン王に注油した法皇まで続いている……。ヴェネチア共和国はこれに次ぐ古い国体であるが、ローマの教会にくらべれば近代的とされねばならず、かつ、これとても滅亡してしまったのに反して、法皇制は依然として存続している。法皇制度は今に至るも存在し、しかも衰微しているのでも、単なる古物として残存しているのでもなく、生命と若々しき力に満ちている。今日といえども、カトリック教会は、その昔アウグスチヌスと共にケントに上陸した宣教師らに優るとも劣らぬ熱心な伝導者を世界の隅々にまで送り出し、現代の法皇らは、敵対する君主に対して、レオ一世がアッチラに対せると同様に勇敢に対抗している。その長き支配が、今や終末に近づけるような何らの徴候もない。カトリック教会は現存するすべての宗派の誕生を見た。そしてそれらすべての終焉を見とどけないとは、保証の限りではない。サクソン人が英国の土を踏む前に、フランク人がライン川を渡るに先だって、ギリシアの雄弁術がまだアンチオキアにおいて栄え、メッカの殿堂では、まだ偶像が崇拝されていたその時代に、教会は既に偉大であり、かつ尊敬されていた。そして将来、ニュージーランドからの旅人が、はかり知れぬ荒廃のうちに、ロンドン橋のこわれた跡の上に腰を下して、セント・ポール大寺院の廃墟をスケッチするであろうその時にも、依然として力衰えずして存在するかも知れない。」

これは少しカトリックに贔屓《ひいき》しすぎているようであるが、これを書いたマコーレーは決してカトリックではなかった。彼が歴史家としてどれほどの人かは知る限りではないが、信仰を抜きにしても、西欧を考える時、カトリック教会史ほど重要なものはない、と断言しているところに、彼の常ならざる歴史的センスを見るような気がするのである。彼の時代に、すでに英国の首府にある聖ポール大寺院の廃墟の光景を想像するということ自体、抜群の先見というべきであろう。

マコーレーは日本でも広く読まれたにもかかわらず、この見解は日本には入り込まなかったようである。ところが事実は、今度の大戦後、彼の予言的な表現は本当らしく見えてきた。セント・ポール大寺院はドイツ軍に爆撃され、ロンドンの多くは廃墟となった。そしてカトリックの理念に近いEECに、新教的イギリスは屈しかけてきている。また、イギリスの中のイングランド教会（イギリス国教、すなわち聖公会）は日曜でもがらがらなのに、百二、三十年前までは英国内では国禁であったカトリック教会の方は、どこも満員、立錐の余地もないくらいである。また、ムッソリーニ華やかなりし頃、ファシスト党の大本営から二キロも離れていないヴァチカンの老法皇から、何人も彼らに対して言い切ったことのないほどのきびしい弾劾《だんがい》がなされたことがあった。それにもかかわらず、ムッソリーニはついに和解策をとらざるを得なかったのである。ファシストはイタリアに満ち、ヴァチカンは一兵も擁せざりしにもかかわらず。また、戦後の諸国で問題になるのは、キリスト教諸派のうちカトリック教会だけであり、プロテスタント各派は、社会的勢力としてはほとんど活力を失ってしまったようである。共産党が本気で対抗策を考える宗教は、今のところカトリックだけのようだ。

西欧研究の「領」は教会史であるという見解を得たことに対し、私は重ねて聖アンドレア修道院における一週間を、感謝をもって想起せざるを得ないのである。

## ④――修道院に寄す

聖アンドレア修道院での体験があって後、私は機会を求めていろいろな修道院に泊めてもらって考えごとをすることにした。適当な紹介者さえあれば、宗教に関係なく泊めてくれる所があるから、日本からの留学生にも、是非そうした機会をもってもらいたいものだと思う。

次のものは、聖アンドレアの時からちょうど一年後の復活祭に、西ドイツのゲルレーヴのベネディクト会修道院に一週間ばかり宿泊した折、求められるまま、客人帳に書きつけたドイツ詩のもととなったものである。これが大変気に入った他の客人があったと見え、そのページを切り取って持って帰ってしまった人がいるから、と言われて、二度書いた覚えがある。

ベネディクト会の戒律には、前に言ったように「客にもてなすこと」という一条があり、旅人は喜んで迎えられた。

　ベネディクト会修道院
　　――ゲルレーヴにて復活祭を過ごし、修道士らの応接の厚きを謝して

大いなる院建つ丘や　若緑
その昔イタリアはカッシノの山に　聖《ひじり》ありて

七十三の法を遺せり
祈りて働きてもてなせと教えたり
国興り国亡ぶ幾百年
律立ち律去る幾千回
聖法山河と悠久を競い
光芒星辰に比肩し
世情暗澹なれば更に歴々
われ東海日出る海の小島より来り
偶然邂逅すその聖跡
ヴェストファーレンの丘なだらかに
草木の緑は一入鮮かに
欣々たる小鳥は唄うをやめず
巨牛悠然として草喰むあたり
鐘声殷々として夕陽を送る
黒衣の僧等は誦す夕の祈

粛然として暫しは忘る俗情の煩
かえりて一人院室に座せば
沈々たる春宵魂に徹し
院内院外ただ寂々
ここに一人文明の軽薄子
心底はじめて忸怩たり
ありがたき浄福厚意の人々よ
われ忘れずしてこれを同胞に告げむ
滞留の短きを惜みて
愁然として故国の詩を憶う
別れなば会わむ会わじぞ定めなき
　この夕暮や限りなるらむ

# 11 どっちでもない者たち

カトリックでもエヴァンゲリッシェでもない、どっちでもない人たちがいる。その最たるものはユダヤ人と無神論者である。

ユダヤ人については、ここで詳しく述べることを望まない。とにかくヨーロッパにおける反ユダヤ感情というものは、我々にはピンとこないものの一つである。

普通の人なら、無神論者であっても、「自分は無神論者だ」とは言わないのが常である。まともな市民との交際ができなくなるからである。倫理とか道徳とかの究極的原理は、超自然なものから由来するという前提を一般の人は持っているらしい。無神論者だが立派な人間だという概念はないようだ。無神論者なら通例、無道徳論者という考え方が強い。したがって恋人ができても、「俺は無神論者だ」と言ったら、その少女がまともな家庭のドイツ人である限り、恋人であることをやめるに違いないのである。

ところが日本には、無神論者だと公言しているが、人間としてはなかなか立派だという例が少なくない。この説明をして納得させるのにいろいろ苦労したものだが、成功した記憶はない。

西洋では、自殺した者の末路はまことにあわれである。キリスト教によると、自殺者には救霊の可能性はない、とされるからである。

私はラフカディオ・ハーンの勉強をしたことがあるせいか、墓地というものに――日本のもの、外国のものを問わず――興味があって、時に訪ねたものであるが、その墓地の端に、仕切りがしてあって、さらに小さい墓地みたいなものがあるのを、しばしば見かけたものである。聞いてみると、自殺者の墓だという。普通の墓地だと、いろいろの墓石にバイブルからの文句が刻まれていたり、平安を意味する錨があったり、またカトリックなら聖母マリア像などが立っていたりして、見飽きないものだが、この自殺者の墓地というのは実に荒涼としている。

自殺者の死はいわば「ユダの死」である。ユダはキリストを売ってその後良心の呵責《かしゃく》に耐えかねて首を吊って死んだ。一方ペテロは、三度キリストを否定したが、後でそのことを痛悔し、救霊の希望を捨てなかったので、十二使徒の主長としてローマに布教し、聖者として死に、初代法皇として崇められている。この二人の対照が示すように、最後まで希望を失ってはいけないので、もし自殺すれば永遠の暗黒に入るというのがキリスト教の教えである。

心中してあの世で結ばれようなどというロマンティックな要素はないし、また、こうして死んだ者のために比翼塚を建ててくれるというファンも知人もないわけである。この意味ではキリスト教というのは厳しさのある宗教だ。

# 第3章 ドイツ歳時記から

# 1 降誕祭《ヴァイナハテン》

ドイツの風物を暦の移りとともに瞥見《べっけん》してみよう。ところでドイツ人の心は、我々日本人のように普通の暦を追うよりは、むしろ教会暦とともに動く。この見地から、教会暦に歩調を合わせてみることにする。

教会暦はクリスマス（降誕祭《ヴァイナハテン》）から始まる。

クリスマスの唄として有名な「サイレント・ナイト」は、周知の如く、南ドイツの一寒村のカトリック司祭ヨゼフ・モーアが作り、これをフランツ・グルーバーが作曲したものであるが、間もなく近村に拡がり、その後福音教会《エヴァンゲリッシエ・キルへ》でも歌われるようになって、今日では世界のクリスマス・ソングの代表的なものになっている。ところでこの「静夜《シュティーレ・ナハト》」の歌われるドイツのクリスマスは、文字どおり「静けきこの夜」である。クリスマス・イーヴの午後二時頃には商店も全部しまいになる。そして家族の者はみな、その家庭に、すなわち原則として母のいる家に集まる。遠くに働きに出ている者も、万障繰り合わせて母のいる家庭に帰ってくる。それでクリスマスに家に帰れない遠国からの留学生は大いに同情され、いずれかの家庭に招待されるのが常である。

家の外はまったく静かだ。ごく稀に、なにかの事故で帰宅のおくれた人であろうか、猛スピードで車を飛ばして行くのが見られるくらいのものである。そしてミュンスターのような中都会（人口十五、六万くらい）でも、夕方からはバスの運行も止まるのである――走っていたとしても乗る人もないであろうから。だから「静けき、この夜」と歌ってもぴったりするわけで、クリスマス・ダンスパーティの如きは考えも及ばぬことだ。

みんな贈物を交換し合い、クリスマス・ツリーの周囲に座って歌うのである。「おおタンネンバウム」とかヘンデルの「勇者は還りぬ」など、日本にも知られている唄が豊富にある。しかし「ジングル・ベル」など、ドイツからみて外国のものはほとんど知られていないようだ。ヘンデルのものは、特に東ドイツ、今はポーランド領の旧シュレージア地方の人なら必ず歌うクリスマス・ソングである。そして多くの人が深夜の教会の式に出かける。子供たちも母親などと早くから来て席をとっていても、あとから年長者が来て席がないと立たされてしまうので、かわいそうだと思った記憶がある。

二十五日の昼にいちばんの御馳走が出る。二十六日は第二クリスマスでやはり休日。再び商店が開くのは二十七日からになる。この間中、みんなごろごろしてクリスマスの菓子

（日本のボーロによく似たお菓子で星形をしている）をつまんで昼寝なぞしているわけで、たいてい少しおなかの工合を悪くする、といったようなわけである。

クリスマスに引続いて新年がある。日本のような年末年始の風景は見られないが、十二月三十一日はジルヴェスター祭で夜半まで騒ぐ。これがちょっと日本のクリスマス風景と似ていると言えば言えよう。そして夜中の正十二時に踊っていた相手とはキスする権利（？）があるとかで、家庭のパーティなどでも十二時近くなるとみんなそわそわしてダンスをしていたものである。

正月六日は「御公現の祝日」といわれる。これは東方の賢者がキリスト降誕の時、星に導かれてエレサレムにやって来たことから、キリストが「異邦人」にも救い主として現われたことを記念し、まだキリスト教国になっていない人々の改宗を祝う日となっている。ババリア地方のようなカトリックが多数の州では公式の休日になる。しかしこれは特に敬虔な信者でもないと、あまり関係がないようだ。

## 2　謝肉祭《カーネヴァル》

カーネヴァルというのは、謝肉祭という訳語が示すとおり、もう肉を食べない期間が来るから、大いに食い、大いに飲んで騒ごうというお祭である。復活祭前の四十日間は、四旬節といって昔は肉を食べなかった。その四旬節が始まるのは年によって異なるが、二月の中旬から三月の上旬の間である。いわゆる「灰の水曜日《アシャー・ミットボッホ》」といわれる日からである。この灰の水曜日以後、復活祭までは、今日でも教会での結婚式が許されない謹慎の時期である。この灰の水曜日の三日前の日曜と、その次の月曜、いわゆる「薔薇の月曜《ローゼン・モンターク》」がカーネヴァルの最盛期となる。そして水曜が来ると、ぴたりと静かになるのである。

しかし実際には方々の団体や学生連盟などは、一月の末頃からぼつぼつカーネヴァル祭をやりだす。仮装してみんな騒ぐ。ドイツでカーネヴァル祭がもっとも有名なのはケルン市であるが、この時ケルンの市民は「ベッドを質に置いても」騒ぐので有名である。

しかしドイツのどこの町でも盛大にやるわけでなく、カーネヴァルを騒ぐ北の限界はミュンスター市であると言われている。バロック建築の北の限界がフルダであるのと対照して考えて見ると面白い。すなわち、ドイツは南では音楽や芸術、しかも華麗な感じのするバロック、それに陽気に騒ぐカーネヴァルなどが盛んで、北に行くと逆の気風が盛んであるということである。そしてこれはカトリック地域とプロテスタント、すなわちエヴァンゲリッシェ地域とを分かつだいたいの目安ともなる。

カーネヴァルも元来、中世的な四旬節と関係があるわけで、カトリックの盛んな地域に盛んで、バイエルン（ババリヤ）の州都ミュンヘンなども仮装行列が有名である。ミュンスターのカーネヴァルも相当なものだが、ケルンはもっと凄いというのでカーネヴァル特別列車も出る。これは日本の花見特別列車みたいなもので、日頃の礼儀はすっかり忘れ、車中でも飲めや唄えや踊れやの乱痴気騒ぎである。もちろん車中でもアルコールは売っているわけで、「動くビール屋」といった感じである。ある敬虔な人が私にこう言った。

「カーネヴァルが一年中でもっとも寒い季節に来るのは幸いである。これでもう少し暖かかったら、その弊《へい》や及ぶところを知らざることになるだろうから。」

なるほど、その例はラテン・アメリカの暖かいカーネヴァルに豊富にあるようだ。

カーネヴァルに近くなると、ふんだんにあるビール屋からはカーネヴァルの唄声が流れてくる。特に有名なのは、

五月十三日は世界の破滅よ
世界の破滅よ
世界の破滅よ
しかし何時の五月かわかりゃしない
そいつぁ素敵だね

といった阿呆らしい歌詞だが、しかし節廻しが素敵である。気の合った友達と肩を組んでビールを鯨飲しながら歌えば、「そりゃ素敵な」気分にもなろうというものである。ドイツ人はみんながみんなではないが、カーネヴァルの時は道徳を忘れる、少なくとも忘れたがっている。人の奥さんにその主人の前でキス（唇にである）するのも平気だし、道路でもビール屋でも、見ず知らずの連中が大いにやっている。

私が留学二年目の冬に、韓国から、中年の体格のよいRという留学生がやって来た。もちろん奥さんも子供も故国においてである。彼は日本の大学における私の先輩でもあり、すこぶる気のよい人物であったので、大いに歓迎した。そして時がちょうどシーズンにあたっていたので、さっそくカーネヴァル見学に出かけたものである。とあるビール屋で飲んでいたら、隣席の太った婦人が彼に友情を示し始め、いきなり抱きついてべたべたキスしだした。するとR氏は「助けてくれえ」と日本語で叫んで店から飛び出した。このため、のちのちまでも「Rさんは臆病だよ」と二十歳も年下の我々にからかわれたものである。

学生のやるカーネヴァル祭《フェスト》も、連盟主催の場合は「閉じられた《ゲシュロッセネ》」集会であり、互いに見知り合いだし、品のよい人間が多いのでそれほどのことはない。しかし誰でも入場できる「開かれた《オッフェネ》」学生カーネヴァル祭ともなると、これまた凄い。ミュンスターにはL《エル》・U《ウー》・K《カー》という学生主催のオープン・カーネヴァル祭があった。Lは文学（リテラトゥール）、Uは英語のアンド（そして、また）に相当する接続詞、Kは文化（クルトゥール）の頭文字であって、はじめの頃は「文学と文化」の講演会をやり、それから仮装ダンス・パーティなどをやったものらしいが、そのうち、この講演の方はなくなって、もっぱら仮装ダンス・パーティのみ残ったというわけである。それでこれは「文学《リテラトゥール》と文化《クルトゥール》」のパーティでなく、「ルッチュン（口をつけて吸う）とクッシェルン（密着する）」のパーティだというわけで、L《エル》・U《ウー》・K《カー》と言えば、カーネヴァルのパーティ数ある中でも、もっとも悪名高きものであって、相手が結婚予定者でもない限り、めったに異性をさそえるパーティではなかった。しかし私のいた寮の中には、婚約者を見つけたばかりの男がいて、そのパーティを楽しみにしていた。私にも、「パートナーになる女がいなければ俺の婚約者《ブラウト》の妹を借りてやる」と言って世話してくれた。

このようにして、我々の寮からも何組かL・U・Kに出かけた。行ってみると、なるほどすさまじい。仮装だから誰が誰だかよくわからないし、照明が暗く、しかも時々まったく消えてしまうのである。パーティも半ばをすぎると、キスしながら踊ったり、フロアの上に抱き合って横になり濃厚なキスなどやっている組が増えてくる。音に聞く南アメリカのカーネヴァルにも劣るまいと思われる風景である。もちろん、単に仮装パーティだけを楽しんでいる人々も多くいるわけだが、なにしろ踊ってる足下には二頭四足のコンビがごろごろしていたり、また、座席でも痴戯をやっている連中がいっぱいいるのだから、雰囲気は断然興奮的なものである。

私をこのパーティに連れて行ってくれたドイツ人学生諸君たちは、あとでそこに行かなかった他のドイツ人学生達に、「外人学生をそんな所に連れて行くとは国辱ものだ」と非難されたそうだ。しかし私はこういう所に、自分の義妹になるべき人を貸してまで連れて行ってくれたこの学生の友情に感謝している。彼はもう国家試験もパスし、ギムナジウムで教え、L・U・Kに一緒に行った婦人と結婚し、立派な家を建て、子供もいる。最後に、このL・U・Kのあった場所は大学直属の大食堂であり、大学当局に許可されたうえでの学生オープン・パーティであったことをつけ加えておく。

## 3　復活祭《オースター》前後

カーネヴァル以後、復活祭までの約一ヵ月半は、概してものすべて静かである。音楽会も受難曲だったりする。大学も春休みにあたるので、みんな静かに勉強している。復活祭は年によって日は一定しないが、三月末から四月の中頃までの間に来る。大学は三月、四月はまったく休みであるから、たいてい休暇中に復活祭を祝うわけだ。

復活祭は必ず日曜日であるが、その三日前の聖木曜日はキリストが「最後の晩餐」を行った日というわけで、教会ではやはりそれに因んだ行事がある。

翌日の金曜はいわゆる聖金曜日《カール・フライターク》で、キリスト磔刑《たくけい》の日にあたるので、みんな昼頃から教会に行く。キリストが絶命したのがだいたい午後三時頃とされているので、このあたりが式の絶頂となる。普通の仕事場もこの日は休む。昼頃の式なので、午前中は断食する人が多い。翌聖土曜はキリストがまだ死んでいることを示すため、教会は沈痛な雰囲気で、普通の家庭もひっそりとした感じである。

ともかくここ数日は、映画館もがら空きだ。この三日間に映画館に行ったり、ダンスをした者があれば、みんなに非難されるのである。昔は営業そのものが禁じられたそうだが、今日では駅前など、やっているところはやっているようだ。しかしいつもはやっていても、この期間は休業する所が多く、ホテルのタンツ・テー（午後のダンス）などは全部やめている。キリスト教徒が、金曜日には肉を食べないことは知られているが、少し熱心な信者になると、普通の金曜でも、映画など娯楽の類から遠ざかる。ましてや聖週間においてをやである。夫婦の交わりもこの間は断つと聞いたが、これは確かめようがなかった。

復活祭はキリスト教国最大のお祭りである。キリストの在世中、特に磔刑の頃はキリスト信者は皆無に近く、しかも臆病なものばかりであったことは、聖書もこれを示している。ところが復活の後は、急に信者も勇敢になり、信者数も急増する。キリスト教が本当の信者を得たのは復活祭以後であるから、この日こそキリスト教会の誕生の日としてもっとも盛大にやるべきだ、ということが主張されるわけである。

ところが復活祭という語、すなわちオースター（英語のイースター）は、元来キリスト教関係の言葉でなく、ゲルマン神話の春の女神エオストル、日本でいえば佐保姫といったところの祭日であったのだが、ゲルマン人の改宗に伴って、キリスト教の復活祭に内容的にすりかえられたわけである。なるほど、このオースターの頃になると、春の女神の祭にふさわしく、きびしい北欧の冬もゆるんで、どこやら春めいてくるのである。もちろん、まだ青い草も萌え出でず、周囲は冬景色に近いのだが、全体に「春近し」という気がただよい出す。気分的にもほっとし、結婚式も続々と挙げられる。

日本ではクリスマスは土着化して騒々しいものになったが、復活祭はひっそりしていて、この祭日が一番好きだという在日宣教師も少なくない。ともあれ、ドイツでは、クリスマスといい、復活祭といい、大きな祭日はみな静かだ。

ところで復活祭には、ドイツの子供にはひどく嬉しい楽しみがある。それは復活祭兎《オースター・ハーゼ》がいろいろの色をした卵を産むからだ。復活祭の前になると、ドイツの母親や祖母たちは卵を茹《ゆ》でて、それに赤や青や黄など、いろいろの色を塗る。また、卵形のチョコレートをたくさん買いこむ。そして復活祭の朝に、ベッドの下や庭の芝生の中にそういう卵をかくしておく。目を醒ました子供たちは卵探しをする。だから復活祭の朝、子供たちは競争で早起きする。寝坊すると他の兄弟に拾われてしまう。まことにほほえましい風景で、私も童心にかえり、招待された家の子供たちと卵探しに興じたものであったが、私はもっぱらチョコレートの卵だけを探し廻った。

このようなわけで復活祭のカードには兎と卵を刷り込んだものが多いが、この習慣も元来は古いゲルマン的起源のものである。

## 4　キリスト昇天祭《ヒンメルファールト》

復活祭後の四十日目の木曜はキリストが昇天した日ということで、学校・会社などはすべて休みとなる。「キリストは天に旅《ファーレン》した、我々は野に出かけよう《アウス・ファーレン》」といって、よく野に森に自転車で出かけたものである。

ミュンスターのカトリック学生連盟では、この日、近くの霊地に巡礼するならわしだった。大学生の半分がカトリックで、そのうちの半数近くが参加したと思う。巡礼というような行事には今の日本の大学生はあまり関係ないが、ドイツにはこういうことに熱心な学生が実に多い。巡礼だけは好きだと言って加わっていたエヴァンゲリッシェの人もいた。

朝未明に徒歩で出発して、朝食は巡礼地で食べる。朝飯後汽車で帰る人もいるが、また歩く人もいる。一面の麦畑で、初夏の臭がむんむんする野中を二、三人の友達と帰りも歩いたら、ひょっこり一軒だけぽつんとビール屋があった。焼いたソーセージをばりばりかじりながら、ビールをがぶ飲みして咽喉の乾きを癒したこともあった。

これなどはごく小規模な半日巡礼だが、夏休みには一週間以上もつづく大きな巡礼などもある。こういう大巡礼には、フランスなどの大学と共同主催のことも少なくない。昇天祭、初夏の野、巡礼はよきとり合わせであった。

## 5 五月一日《エアステン・マイ》

五月一日は勤労者聖ヨゼフの祝日、いわゆるメーデーであって、仕事場は休み、老いも若きも、男も女も、野に山にと出かける。「春が来た」というより「五月が来た」といった方がドイツ人にはピンとくる。大学も三月、四月と休んだ後で、五月二日から夏学期が始まる。

五月が来たといった途端に、一度に緑が萌え出す。初夏のそよ風にのって、タンポポの花が付近の牧場から吹き上げられて雪のように降ってくる。そしてみんな自転車に乗って野へ、森へ、丘へと出かける。

五月は来りぬ
木は枝を張りぬ
望む人は悩みを抱いて家に留るべし
雲の五月晴れの空を流れ行く如く
わが心広き世界を求めてやまず

父よ母よ
御身らに神の護りあれ
遠き地にわが幸い待つを誰か知る
われの未だ踏まざる街路のいかに多きよ
われの未だ汲まざる美酒のいかに多きよ

気も新たに
明るい日ざしに気も新たに
高き峰ありて深き谷ありて

泉さざめき木々の葉は鳴るよ
われらが心　雲雀にも似て唄も揃うよ

灯ともし頃
小さき町にてわれは渇きて求む
「亭主よ、亭主よ、白き酒もて
ヴァイオリンをとり給え、陽気な楽士よ
恋の唄もてわれ唱和せんに」

泊まるに宿なければ
夜は碧空を屋根にして眠らむ
星ぞわが見張りなり
リンデンを吹くそよ風の心地よさ
朝日の光われに口づけして目醒ましむ

さすらいよ　さすらいよ
気ままなる青年の気よ
オーデンの神、新しき息吹を胸に送り給えば
心は虚空に歌い歓呼するよ
広き世界よ　何と御身の素晴らしきことよ

私にはこの五月一日の唄がまだ耳に聞こえてくる。自転車で早朝出かける者たちは、近くの若葉を折ってハンドルのところにさす。自動車で出かける人はヘッドライトのところに青葉をさす。これが五月一日旅行《マイ・ファアールト》のしるしである。こうした者同士が行き合えば、声をかけ合って挨拶する。そういえばモーツァルトの小曲にも「五月さんよ、いらっしゃい、そして木々を再び緑にしてちょうだい」というのがあった。五月一日——緑の山野——唄は、ドイツの春と初夏（この区別は明らかでない）の三位一体的シンボルである。

私もよく四、五人の男女混合のグループで自転車を駆って出かけたものだ。矮林《わいりん》に車座になって腰をおろして食べる。飲む。そのうち一人がヴィッツ（機智）の本を取り出して朗読して一座のものを抱腹させる。みんなで唄う。そして場所を変えて丘の中の牧場に出

る。寝ころがって五月の日の光を享受する。ねむくなる。少しゲームをする。そしてこの日、ドイツ人はたいてい戸外に出ているはずなのに、道路でたまにすれ違う程度で、ほとんど人に会わない。夕方になると、ビールかワインに対する渇きが生じ、シンケン（薫製《くんせい》の豚）への餓えが感じられてくる。

一日中、山野を自転車で廻った若人たちは、村のビール屋で夕飯をとり、ビールを飲む。するとそのビール屋の裏には、田舎の家のことと大きな穀倉《ショイネ》がある。ここには村の楽士たちが十人くらいいて、夜八時頃から五月一日のダンス（マイ・タンツ）が行われる。

町の人々はこういう村のダンスに参加することを非常に好む。活発な円舞曲が非常に多いからである。シュトラウスの円舞曲といえば宮廷向きのように聞こえるが、あの輪舞曲と同じリズムのものはドイツの民謡の中にも多くある。そうしてこういう田舎風の円舞曲が五月一日の田舎にふさわしくきわめて楽しい雰囲気を作り出すからである。歌詞が知られている曲が演奏されると、そこは田舎人たちで、しかも祭りの酒やビールが多分に入っている夕のことゆえ、みんな大声で歌い出すのだ。穀倉での歌いながらのダンス・パーティというのは、都会風の洗練はないにせよ、それなりに情趣豊かなものである。

# 6 聖霊降臨祭《フィングステン》

キリスト昇天祭から数えて七回目の日曜は聖霊降臨の大祝日にあたる。神、キリスト、聖霊が三位一体というのが伝統的なキリスト教の教義である。そしてこの聖霊降臨祭は年によって異なるが、だいたい五月の中旬から六月上旬の間に来る。大学の夏学期は五月から始まるわけだが、新学期が始まって一週間か二週間学校に行くと、また、聖霊降臨祭の休日がおよそ一週間あって学生たちを喜ばせる。

ドイツの春——初夏といってもよい——は実に美しい。日はうららかに、寒からず暑からず、空気も澄み、日も長い。長く厳しい冬の後で万物が萌え出てくる。したがって、この期間にぽっかりとくる聖霊降臨祭の一週間の休暇は、学生にとって遍歴旅行の一週間となる。自転車でよし、徒歩でよし、アウト・シュトップ（英語のヒッチ・ハイク）でよし、天気よく、路よく、野よく、山よく、草よく、木よく、花よく——、そして人影と塵埃《じんあい》は稀である。

私もこの休暇に、ビール屋をしている友人の家に二、三泊して——だからビールは文字通り浴びるほど飲んだ――、それから、ぶらりと地図を見て見当をつけた方向へ、ただまっすぐに日がな一日歩いたことがある。野をよぎり、道をよぎって歩く。桃の木があって満開である。牧場があって牛が見える。例によって人影はどこにもない。さらに歩く。池をめぐらした豊かそうな家がぽつりとあり、その橋が木造でちょっと風流な形をしている。白い家鴨が緑の岸と青い水の中に美しく目立つ。さらに行くと、路ばたにあまり大きくないビール屋がある。時計を見るともう昼だ。食事をしたためてビールを飲む。歩いて来た咽喉にはドルトムントのビールの「きつさ」が心地よい。また、出て歩く。小高い丘がある。その裾づたいに歩いていると、突然鹿が森から飛び出て来て、一目散に夕日の方に駈けて行って、ゆるやかな起伏の向こう側に見えなくなる。春の日は暮れるのを忘れたようである。

どこまでも歩いて行くと少し大きな町に入る。地図で調べてみると、駅のある町だ。時計を見るとちょうどよい汽車がない。喫茶店《コンデトライ》に入ってコーヒーを飲む。汽車が来る。汽車の窓から見ても外は春の牧場、それが果てると森、それを通りぬけるとまた牧場というようにして、暗くなるまで続く。そしてすっかり暗くなってからミュンスターの町の灯が見えて来た時、私はそれまで知らなかった「時間」と「空間」を体験したことを覚った。

# 7　聖体の祝日《フロンライヒナーム》

聖霊降臨祭から数えて二週目の木曜日は「聖体の祝日《フロンライヒナーム》」と呼ばれる祝日である。これは十三世紀の中頃から始まり、聖トーマス・アクィナスがこの祝日の聖務日課とミサ典礼を定めたものであるから、ずいぶん来歴が古いわけであるが、日本ではカトリック教会でもあまり盛大にはやらないから、一般にはほとんど知られていない。ドイツでも十三世紀の後半、ケルン市で最初の盛大な聖体行列が行われ、その後も盛んであったが、宗教改革の頃、ルターが「聖体」の神学的意味を否定したので、今日では、カトリック人口の多数の地方でしか公式の「祝日」とはならない。

この日強制的に休日になる地域は、カトリックの優勢な諸州、すなわちバーデン・ヴュルテンベルク州、バイエルン州、ヘッセン州、北ライン・ヴェストファーレン州、ラインラント・プファルツ州であって、北ドイツのエヴァンゲリッシェ優勢の地方、すなわちニーダーザクセン州、シュレースウィッヒ・ホルシュタイン州、ブレーメン、ハンブルク両自由都市では休日にならない。この祝日が問題になるのは、この日に道路の交通を午前中は停止して聖体行列をやるからである。

キリストの栄光をデモンストレーションする趣旨のはずなのであるが、この聖体に対する神学的解釈がプロテスタントとカトリックでは根本的に違っていて相容れない。後者は祝別されたパン（キリストが最後の晩餐で「これはわが体なり」と言った）は、人間の目には見えないけれども、実質的には変化《ウムヴァンデルン》したと信じるのに反し、前者ではこれは「物のたとえ」だとみるからである。

さてカトリック諸州では、当日、市内の道路の多くを交通止めにして、道に花を撒き、道端に多くの祭壇を作り花を供える。教区の人々はみな聖体行列をして歩き、所々にある祭壇の前で立ち止まり、ひざまずき、お祈りなどして、二、三時間教区内をまわる。

この祝日の午後、ドイツ人の学生たちと自転車で散歩をしたことがある。村々の道には花がいっぱい散っていて、午前中の祭りを偲《しの》ばせた。そして白装束して白い花輪を頭につけた十歳前後の女の子が戸口に立っているのをよく見かけた。この日に初聖体を受ける習慣があるので、こうしているわけである。初聖体とは、生まれるとすぐ洗礼を受けた子が、その後物心がついてから教理を学び、堅信《フィルムング》の秘蹟を受けて、初めて「キリストの肉なるパン」というものを教会でいただくことである。エヴァンゲリッシェ教会の方はこれをコンフィルマチオンといっていて、多少やり方の相違がある。初夏の野に点在する農家、その緑の濃い背景に小さい白衣の少女の姿を散見するこの日の風景は、童話の国を思わせるものがあった。

因みにこの日、聖体の祝日《フロンライヒナーム》（ラテン語でコルプス・クリスティ）は、今でもラテン諸国では盛大だし、昔、中世ではヨーロッパ中どこでも行列してねり歩くとともに山車《だし》などがあって、もっとも賑やかなお祭りの一つであった。

この祭の山車の上でやった宗教劇がイギリス演劇の母体になったものであることは、英国文学史が詳しく教えてくれる。オックスフォード大学にもコープス・クリスティ・カレッジがあるが、これなどは、この有名なカレッジが中世に「聖体に捧げられて」創立されたものであることを示している。このようにして、この祭はもっとも中世的、もっともカトリック的な祭の一つで、歴史的には豊かな文化を産む土壌であったのである。

エヴァンゲリッシェ諸州におけるように、公式に祝えぬ地方のカトリック信者たち（ディアスポラと称されている）は、自分たちだけでひそかに祝うのである。

# 8　マリア被昇天祭《ヒンメルファールト》

八月十五日は聖マリア被昇天の祝日である。この日もマリア崇敬の存在するカトリック地方では休日で、村や町の主要道路は交通止めになって、みんなで行列をやる。

私はこの祝日を、ヴァーレンドルフという、小さいけれども古い由緒のあるハンザ都市で過ごしたことがある。町中交通を止め、家に飾りをつけ、窓には蠟燭を立てている。また、町の広場もすばらしく飾り立てて祝いがなされていた。この頃は、大学はもちろん夏休みで、ここの友人の家に一月ばかり食客になっていたので、町の人とも知合いになっていて、共に祝い、共に遊んだ。ところが町の飾りつけを見て廻るうち、みんなの家が美しく飾っているのに、飾りをしていない家を二、三軒見つけた。どうしたんだろうと思って聞いたら、その友人は、

「ルター派かコミュニストかだ。」

と吐き捨てるように言った。

なにしろ小さい町が、どの家も花で飾りつけ、夜は電燈を消して窓辺に蠟燭をつけてい

るのに、三十軒に一軒くらいの割合でポツンとあたりにそぐわない家があるのを見て、ドイツ人の異宗派の人に対する感情に対しても、うなずくところがあったものである。

因《ちな》みに教会暦からいくと、日本の敗戦が八月十五日でマリア被昇天祭、開戦の十二月八日は「聖マリアの無原罪の御懐胎」の祝日なので、この前の日本の戦争は「マリアに始まりマリアに終わった」という人に出会ったことがある。その人には、「そういう連想は日本人には絶対に無縁である」と答えておいた。

## 9 諸聖人祭《アラハイリゲン》

十月三十一日は宗教改革記念日《レフオルマツイオンス・ターク》であるが、私のいた所はカトリックの祝日規定州であったので関係がなかった。学校もどっちみちまだ夏期休暇中なのである。

私が二度目の諸聖人祭をドイツで迎えたのは、私の学友でプロテスタント（すなわちエヴァンゲリッシェ）の人の家においてであった。私はその夏休みの終わりの半月ばかり、彼の家に泊まりこんで一緒に勉強していたのである。ある晩のこと、散歩に出かけたら「墓場に行こう」という。行ってみたらなるほど非常に美しい。日本のお盆のように燈籠でいっぱいである。

「君の家の墓はどこだ。」と私が聞いたら、「僕の家はカトリックでないからやらないんだ。」と答える。

しかし彼はこういうことは好きと見えて、カトリック墓地の燈籠祭を好ましそうに眺めていた。ルター派では教義上「諸聖人の通功」ということを認めないから、諸聖人祭も、死者の魂に対するこういうお祭もなくなってしまったものらしい。この祝いは前にのべたカトリック諸州では、オフィスも休日となるが、エヴァンゲリッシェ諸州では休日にはならない。

## 10 懺悔祈禱日《ブースタークーク》

最後の三位一体の主日の前の水曜（その年によって異なるが、十月末から十一月初め頃に来る）は、エヴァンゲリッシェ優勢の諸州では休日、カトリック諸州では平常通りである。

大学にはいろいろの宗派の者がいるため、ミュンスター大学も、カトリック州にあるにもかかわらず休日であった。しかし市民の方はまったく無関心のようである。私もこの祝日の意味や行事をドイツ人に聞いてみたのだが、その答えは、

「ルター派の連中は、宗教改革などひき起こしてすみませんでしたと神様に懺悔しているのさ。」

といった工合のもので、洒落にはなっても当方の知識にはならなかった。

## 11　聖ニコラウスの祝日

十二月六日は聖ニコラウスの祝日である。聖ニコラウスがサンタ・クローズになり、クリスマスに現われるようになったのはアメリカの話で、ドイツではサンタ・クローズが十二月六日に現われて子供に贈物をする。まだ学校もある頃なので、小学校などでは、この聖ニコラウスになった先生が贈物を自分のクラスの生徒にわけたりする。

この聖ニコラウスには大きい袋をかついだ従者《クネヒト》がいる。これはムーア人の意味であろうか、黒人ということになっている。私の寮の学生でも子供好きの連中は、近くの小学校にこの従者《クネヒト》になりに顔を黒く染めて出かけたものだった。

この日の贈物はまったく子供向きで、お菓子、チョコレートの類が多い。この日になると、ミュンスターのいろいろの知人の家から、私の所にチョコレートやボンボンが贈られてくるので、故国を遠く離れてもっともさびしいはずの私が、寮のドイツ人学生諸氏をかえって羨ましがらせたものである。

では本当のクリスマスの時、サンタ・クローズはどうするかというと、クリスマスに贈物を持ってくるのは「子供キリスト《クリスト・キントライン》」だということになっている。聖ニコラウスはミラ（現・トルコ）の司教であった人であるが、伝説の伝えるところによれば、三人の貧しい娘にこっそりと結婚費用のお金を窓の所に置いてやったということで、しかもこれがクリスマス前だったということから、フランダース、オランダ、ドイツなどの子供たちには贈物の聖人ということになった。それで、靴や靴下を置くと、「よい子」には聖ニコラウスが御褒美をくれると信じているわけである。後にニュー・ファウンドランドに植民したデンマーク人が、このサンタ・クローズをアメリカにもたらしたものといわれ、聖ニコラウスについて何も知らぬ者も、これを行うようになった。

トナカイに橇《そり》を引かせて北極から来るという連想が、ドイツにはまったくなく、前にのべたように、ドイツのサンタ・クローズは色の黒い従者を連れてくるのである。しかもドイツでは、聖人はその「名前の日」に祝うという習慣によって、十二月六日にこれを行う。また、聖ニコラウスは三人の子供を生きかえらせたという伝説もあり、学校に通う少年の「保護の聖人」にされている。昔、日本では、少年のいる家では天神様を信心したものだが、それを思い出させるものがある。

ここで「聖人の日」の説明を補足しておこう。

カトリックでは毎日がたいてい誰か聖人の日に当たる。五月一日は聖ヨゼフ、十二月六日は聖ニコラウス、八月二十八日は聖アウグスティヌス（「告白録」の著者）といった工合である。

ところでカトリックの家庭では、子供が生まれると、聖人の名前をとってつける。そしてその子供は、自分と同名の聖人の祝日が来ると自分も祝う。これを「霊名日《ナーメンスターク》」といって、その人個人にとっては、誕生日と同じことで家庭でも大いに祝うのである。寮でも、たとえば一月二十八日なら、トーマスという人の部屋の前に、朝早く同じ寮の者がみんな集まって「霊名の祝歌」を歌って、トーマス君に握手し、贈物などをやるのである。というのは、一月二十八日は聖トーマス・アクィナスの祝日だからである。

しかし同じトーマスでもいろいろの聖人がいる。たとえば十二月二十一日は使徒聖トーマスの祝日、同月二十九日はカンタベリーの大司教でヘンリー二世に殺された聖トーマス（この人の墓に巡礼する物語がチョーサーの有名な「カンタベリー物語」である）の祝日である。だからトーマスという名の人に、一月二十八日に「聖名の祝日おめでとう」と言ったら、言われた方は「いやありがとう、しかし僕は同じトーマスでも使徒の方でね」と答えられることもよくあるわけである。

ところでマルチン・ルターは聖人を廃止したので、エヴァンゲリッシェには、このナーメンスタークを祝う習慣がなくなってしまった。一般に新教各派は聖人が嫌いだったようで、イギリスの宗教改革をやったヘンリー八世も、カンタベリーにある聖トーマス・ア・ベケットの墓を暴《あば》いて、カンタベリー巡礼の根を断った。だから今になってみると、チョーサーがいわゆる「カトリック文学」であったことがすっかり忘れられてしまい、相当の英文学者のチョーサーに関する著述も、ピントがはずれたところばかりに詳しいという変則的な事態がでてきたようだ。

それはさておき、では霊名の祝日《ナーメンスターク》のなくなったエヴァンゲリッシェでは何を祝うかというと、「誕生日《ゲブルツターク》」を祝うのである。だから「誕生日」を祝う習慣は、主として宗教改革後にプロテスタントの世界に広がったものである。日本でも、命日は記憶したが、誕生日には昔は無関心であった。

この誕生日を祝う習慣はカトリックの家庭にもその後入ってきた。それで今では、カトリックの家庭の子供は「霊名日」と「誕生日」と二度祝うことになっている。しかし熱心なカトリックの家では、「誕生日」よりも「霊名日」をより盛大に祝うようである。

## 12 待降節《アドヴェント》

十二月の最初の日曜から待降節が始まり、クリスマスが終わるまで、また教会での結婚が禁じられる。待降節とはキリストの降誕を「待ち望む」期間のことである。タンネンの小枝で輪をつくり、それに四本の蠟燭を立てる。そして待降節の第一の日曜日の夜には、家族一同（寮ならば寮生がみんな）集まって、いろいろなクリスマスの唄をうたい、蠟燭を一つ消す。二回目の日曜日には二本目を消す。そういうふうにだんだん消していって四本目が消えると、次はクリスマスが来るというわけである。

四本の蠟燭を一週一本ずつ消していって、いかにもキリストの御降誕を待ち佗びていることを示す。物静かなよい雰囲気の期間であり、外は寒くて出かけられないので、みんな屋内に閉じこもりながら、待降節の唄をうたって夕をすごす。いかにも宗教的雰囲気が溢れた日々だ。

いつもは対立するカトリックとエヴァンゲリッシェも、心を一つにして主を待とうというわけで、両方の学生協会《スチユデンテン・ゲマインデ》が合同で「待降節の夕」などを開催する。こんな時でもないと、両派の学生が共同で事をなすことは滅多にない——大学の始発式でも各派別々の教会でやるお国柄なのだから。そうして、両派の教会とも、待降節の時だけは共通の聖歌（讃美歌）「主の来臨」を歌うのである。

戸を高く開けよ
門を広く開けよ
光栄の主は来り給わんとす
すべての王国の主は
全世界の救い主は
救いと生命をもたらし給わんとす
されば歓声をあげよ

喜び満ちて歌えよ
わが神は
知恵豊かなるわが創造主は
たたえられかし

そしてこの唄が両教会で歌われるのを聞くと、日頃は対立していても、統一を求めているドイツ人の深い心の底をのぞかせられたような気がするのである。

ドイツの歴史は分裂の歴史である。そのうちでも最大にして影響力のもっとも大きかったのはルターの宗教改革である。その後の政治・文化・学問・美術・音楽・市民生活の習慣のすみずみに至るまで、この分裂のあとを顧慮することなく説明できるものは一つもない。

その分裂したドイツに、今次大戦後再び政治的・イデオロギー的分裂が加えられた。十六世紀にドイツに生じた亀裂は、大なる余震を惹《ひ》き起こしてヨーロッパの天地を震撼させた。二十世紀のドイツの分裂は、世界の危機を招来しようとしている。光強きところ影また濃く、分裂の深いところに統一の希求はいっそう激しい。最後に、この「雲と森」の国なるドイツに、平和な統一——精神的、政治的——の至る日を祈って筆を擱《お》きたい。

# あとがき

二昔も前に書いたものを読みなおすと、今さらながら「時代は変わったなァ」と詠嘆したくなる。この本ではキリスト教国としてのドイツを扱っているが、今から二十年前のドイツはまさにこの通りだった、と読み返しながら、なつかしさに胸がしめつけられるような感じがしてくることがたびたびあった。

その後、ドイツの恩師を訪ねてしばらくそこに滞在したのは、約十年間の間隔をおいて二度、そのほか短期間の旅行で訪れたのは二度である。最後の短いドイツ訪問は今年（昭和五十五年夏）であった。四分の一世紀前のドイツとくらべて、その後起こった変化を、印象として思い出されるままにのべてみよう。

まず犯罪国家としての記憶であるが、これはかつての如く強く意識されてはいないであろう。心ある人はそれを深く感じ続けているだろうが、三十五歳以下の人は当時まだ生まれていなかったわけだし、四十五歳以下の人は生まれていたとしても十歳以下の幼年であって、何の責任もない。もちろん西ドイツ政府や法律の機構はナチスを今でも許さないという厳然とした態度である。その点は変わらない。しかし時間の流れと共に、世界も変化し、普通のドイツ人なら、ナチスの犯罪を昔のように強く感じなくなったとしても責めるわけにいかないであろう。

第一に戦後三十五年間、ドイツは平和であった。それに反してイスラエルは間断なく戦争や紛争の原因になってきている。これはイスラエル側が悪いとかアラブ側が悪いとかいう問題でなく、現実に争いの中心になってきているという事実である。ハイジャックやテロの多くはイスラエル問題と関係がある。この場合、アラブ側ゲリラの主張は、イスラエルによって土地を奪われた、ということである。

一見、かつてのナチス対ユダヤ人の関係が、ユダヤ人対パレスチナ人だというような印象を第三者に与えることがあるのは否定できないであろう。「ユダヤ人だって強者の立場になれば似たことをやるじゃないか」という声がないでもないようだ。

またアイヒマン裁判も一般に与えた印象がよくなかった。アイヒマンはナチの親衛隊中佐、秘密警察《ゲシユタポ》ユダヤ課長としてユダヤ人の大量虐殺の張本人である。彼は戦後、南米アルゼンチンに逃げ、ブエノスアイレスにかくれていた。これがイスラエル秘密警察の探知するところとなり、イスラエルに運ばれ、そこでの裁判で絞首刑にされた。これは犯人の不法連行であるから、法的にはその裁判権に問題が残った（金大中事件を連想する人もあろう）。

それよりも一般の人にはユダヤ人の執念深さ、復讐のためなら他国の主権をも犯すという強引さなどの方が印象深かったのではないだろうか。アイヒマンの犯罪は許しがたいものであったにせよ、その逮捕のされ方などが、ユダヤ人への同情を相当冷却させる結果になったようである。人間はより新しい事件による印象の方によって、古い方の印象を薄めるのである。

さらに新しい事件としては、ヒットラーの敵だった国々の問題がある。ソ連は今なお、ソ連国内にユダヤ人問題を抱えている。ソ連を出国しようとするユダヤ人にはさまざまの形の迫害や妨害が加えられているという事実がある。今の西ドイツにはユダヤ人問題はないと言ってよい。そうすると、ソ連はヒットラーのような残虐行為はやっていないにせよ、ユダヤ人問題は今の問題であるため、過去のナチスの記憶を弱める方向にはたらいていると言えるだろう。

またヒットラーのもう一つの敵国だったイギリスが、ヒットラーに劣らぬ残虐行為をしていたことが明るみに出たことも、ナチスの犯罪の記憶を薄めるはたらきをした。それは、ソ連の共産主義体制に反対していたロシア人、またソ連領内のロシア人でない民族の独立運動をやっていた人たちの戦後の運命である。この人たちは戦争中にドイツ占領地域およびドイツに住んでいた。その数は数百万にのぼると言われる。この人たちはソ連に送り返されるならば、シベリアでの重労働か死刑が待っていることは確かであった。この人たちは必死になって、ソ連に返してくれないようにと連合軍に哀願した。しかしイーデンのイギリス内閣は、この人たちを貨車積み同様にしてソ連に送り返したのである。その運命は、アウシュヴィッツのユダヤ人とたいして変わらなかったのではないかと推定されている。

二、三年前、私がエジンバラで知合いになったイギリス人が、私に次のように言った。

「われわれはヒットラーが非人間的なことをやっているというので、文明と人道のために戦ったと信じていた。ところがその自分の政府が、ヒットラーが殺したと同じくらいの罪のない人人を殺すのに手を貸していたと知って、本当にショックを受けた。この前の戦争でヒットラーと戦ったのを誇りと思っていたが、それが消えた」と。

この前の戦争で、イギリスには何もよいことはなかった。多くの人が死に、財産を失い、国際的地位も低下した。それでもたった一つ、イギリス人の誇りは、ヒットラーを滅ぼして文明を護った、ということであった。それも今はなくなったというので、特に年輩のイギリスの男たちの落胆は大きかったようである。この事件なども、ナチスの犯罪を相対化する方向にはたらいてしまった。

今でもドイツ人がヒットラーを恥じていることは確かである。しかし戦争直後のような、国を挙げて痛悔の念を示し、ヒットラーのドイツよりもキリスト教のドイツの方が本物だということを外人にも示そう、というような気分はほとんどなくなっていると言ってよいであろう。今でもドイツ人は客を厚くもてなす国民であるが、そのことはヒットラーとは結びつかないと思う。それにドイツにも起こった高度経済成長は、多くの外国人労働者《ガスト・アルバイター》を国内に招き入れることになった。この人たちに対して、かつてＯＳＣＯ《オスコ》（在欧アジア・アフリカ留学生機構）の学生たちに示してくれたような歓迎を示すことをドイツに期待することは難しいであろう。

今から十年ほど前に、二度目にドイツを訪ねた時、友人とライン河畔に出かけて、川のそばのレストランで夕食を取ったことがあった。夏の夕暮れとて、みんな屋外のテーブルにすわって食事していた。たまたまわれわれの隣のテーブルの二人の男は工場労働者で、西ドイツの二つの政党の政策をめぐって賛否の議論をしていた。いつの間にかわれわれもその人たちと話の仲間に入って、あれこれ論じた。その時に彼らは自分たちの工場の話をしたが、小さいところであるにもかかわらず、十七人の韓国人の労働者がいるという。

「いやドイツ人よりも外国人労働者の方が多い工場だってあるさ。」

というようなことだった。

私が最初に留学したころは、ドイツには外人はまだ少なく、たいていは留学生だった。日本人の炭鉱労働者が来た、というのが、話題になっていたのである。外人が増えれば、特に友人にでもならない限り、外人だからといって家庭に歓迎することは少なくなるであろう。それどころか、外人労働者対策が比較的うまく行っているというドイツでさえ、時々、問題のあることを聞くのである。

昔、旅人の稀な時代には、掟としてもてなしたベネディクト会でも、何十万人というツーリストが動き回る時代には、昔の如く、求められれば誰でも喜んで接待するという工合にはいかないと思う。これからは、ドイツに行っても、昔の私が受けたようなもてなしは期待できないであろう。ただ、友人関係ができれば、依然として非常によく客を遇するという気風はあると思われる。

以上のべた犯罪国家意識や、外人に対する変化よりも大きな変化は、カトリック教会の変化である。

私が留学していた頃、ローマ教皇はピオ十二世であった。この教皇にはＯＳＣＯ《オスコ》の人たちと特別謁見《プリバート・オーデエンツ》の機会を与えられたことがあった。今にして思えば、私の体験したドイツは、政治的にはアデナウアー、宗教的にはピオ十二世のドイツであったことが痛いほどよくわかる。ピオ十二世はイタリア人でローマに住んでおられたわけであるが、カトリックの人たちにとっては、人種や国境を越えて、統一の象徴そのものであった。そしてカトリックの人たちの日常の生活形態は、そのほかの宗教の人たちとかなりはっきり異なっていた。

この教皇が亡くなられたニュースを聞いたのは、たしかヨーロッパから帰る船の中においてであった。一つの「よき時代《グット・オールド・デイ》」が去ったという感慨を拭いえない。

この教皇の次の教皇はヨハネス二十三世である。この方は、ピオ十二世がどちらかといえば貴族的な感じを与えていたのに対して、庶民的な感じがあり、特にアメリカのジャーナリズムでは人気があった。この教皇の下で第二ヴァチカン公会議《コンシリウム》が始められ、その後継者パウロ六世の下で終了した。これは一九六二年（昭和三十七年）から一九六五年（昭和四十年）までの間に開かれ、その十二月八日「聖マリアの無原罪の御懐胎の祝日」（一九九ページ参照）にその仕事が完了した。いわゆる「第二ヴァチカン」として知られるこの公会議は、一口に言えば「進歩的」な姿勢で教会の方向を決定した。たとえばユダヤ人はキリストを磔《はりつけ》にした民族だから罪を受けるのが当然というような考え方が出ないようにしてあり、またカトリック以外の宗教でも救われるとしている。そして他の宗派と仲よくやろうという姿勢が強い。

ピオ十二世のころは、唯物論に基づくマルクス主義はカトリックと相容れないという考え方が明確であったが、このころから「左にも開かれた《アペルトラ・ア・スイニストラ》」教会という感じが強くなる。もちろん、カトリックの教義の根本は不変であるが、目に見える習慣は、大はばに変わり出した。そのことを日本のあるカトリック女子修道会をモデルにして曾野綾子さんが『不在の部屋』(文藝春秋)でよく描いている。またアメリカでも、「第二ヴァチカン」以後は「昔にくらべるとまったく別の教会になりました」と嗟嘆《さたん》する信者が少なくないと報じられている。このように「第二ヴァチカン」を行った「公会議の教父たち《カウンシル・ファーザーズ》」も予測しなかった、さまざまな動きを引き起こしている。昭和五十五年あたりをさかいにして、日本のカトリック教会もだいぶ感じが変わってきているが、それはドイツでも同じことである。その変化したあとのドイツ・カトリックの中での生活体験は十分ではないが、思い浮かぶままの印象をのべてみよう。

根本的教義は変わらないはずなのに、カトリック信者の生活感覚や生活態度は、二十五年前に私が知っていたエヴァンゲリッシェ（プロテスタント）の人たちに近くなっているという印象がまず強い。簡単に言えば、より世俗的になったことかも知れない。かつて抹香臭《まっこうくさ》かったような感じの家庭も、モダンになった感じである。

「鍵っ子《シュルッセル・キンダー》」（一一九―一二二ページ参照）という単語は、その後は日本でも普通になってしまったが、二十五年前は「鍵っ子」、つまり「共稼ぎ孤児」を作らないようにと、カトリックとエヴァンゲリッシェの両教会が、共同でポスターを出していた。そのころは、教会は家庭の価値を高く考え、収入のために主婦が外に出て働くことを非キリスト教的と見なすことをポスターで示していた。今日そんなことはまったく考えられない。子供の数が少ないことは二十五年前も顕著であり、「近頃の若夫婦は子供一人作るかわりにフォークスヴァーゲンを買う」という嘆きが、識者の間にあったものである。それがさらに徹底してきているらしい。

二十五年前は、共稼ぎは主として労働者が収入を増やすためにやる、という意味合いが強かった。ところが今ではインテリ階級の婦人たちが、キャリアを求めて職につくのである。ウーマン・リブといえばアメリカのことがよく耳に入るが、ドイツでも相当なものである。その端的な現われが、子供の数が目を蔽うばかりに減ってきていることであって、遠からずその深刻さが現われてくるであろう。

　最近もある国際会議に出たら、そこに出たドイツ婦人はもっとも急進的なウーマン・リブの主唱者であった。この婦人は元来は非常に敬虔なカトリックであり、二十年ほど前に結婚した当時であったら、彼女は決して既婚婦人の職業の価値を家庭の上に置くことはしなかったであろう。私はこの婦人の背景を少し知っているので、その変わり方に目を洗われたような思いをした。

　もう一人別のドイツ婦人の例もある。彼女も高い教育を受けた敬虔なカトリックであり、そういう婦人の常として男というものを尊敬するメンタリティを持っているように思われた。ところが二十年ぶりで会ってみると、すっかりウーマン・リブである。ドイツはまだ高級職には男の多い国である。だから、男がキャリア職を多く占めている他の二つの工業国——スイスと日本——と並んで、通貨の強い先進国ということになっており、通貨の強さと婦人のキャリア職進出度は反比例関係にあるという戯論さえあったくらいであった。しかしこの婦人は家庭を断念し、キャリアに専心し、相当な地位になっている。そして自分の上役たちは、男だからというので上役になっているが、本当はおそろしく馬鹿《ドウム》だ、など平気で言う。本当にカトリック・ドイツ婦人も変わってきたなと思う。

そうしたわけだから、神父や修道女になる人の数も少ない。これはアメリカにおいても同じのようである。素朴に考えて、独身のまま教会の仕事に献身するという人が相当に多いようであるならば、そこの国の宗教的活力は大きいと言える。しかし子供の数が、平均して一家庭に一人を割るようになれば、そうした形で献身の道に入る人も当然減少するであろう。修道士や修道女の後継者がどのように育っていくか、またそれがドイツの将来とどのように関わり合うかは、これからも観察し続けたいところである。

カトリックにしろエヴァンゲリッシェにしろ、近代化は一つの流れであった。教会もまた生きた組織体であり、常に変化し続けるのが当然である。しかし「第二ヴァチカン」なかりせば、少なくともカトリックの変わり方はずっと緩《ゆる》やかで、社会に与える影響力も違っていたものになったであろう。今のところでは、かえって一般社会から影響された、という印象がなきにしもあらずである。

しかし日常生活に関係するところでは、カトリックは依然として堕胎に頑強に反対している。また離婚を認めない。このような問題に対する姿勢が、神学上の問題よりも、現代の生活感覚の問題としてカトリックを特色づけてゆくであろう。昔は、三位一体をどう解釈するか、などという純神学的問題で人々は血を流すような争いをしたわけだが、今では、離婚とか堕胎とかいう、実生活に密着したところで激烈な争いがなされているわけである。

また二十年前のドイツを知っている者から見ると考えにくいのは、赤軍が西ドイツにも発生したことである。私が留学していたころも共産主義的な教授がいたが、たしかその人は全大学で一人ぐらいで、たいていみんながそのことを知っているといった工合であった。学生には共産党のシンパは皆無といってもよかったであろう。なにしろ国境を越えて毎日、何十、何百、何千という人が故郷を捨てて東ドイツから西ドイツへと逃げ込んでいた時代である。「共産主義がいいというんなら東へ行けばいいだろう」で、誰も反論できなかった。

ところがその後ベルリンの壁ができたのだ。自国の民衆の流出を防ぐために壁を作らなければならないというのは、東ドイツの恥をさらしているようなものである。しかし恥を忍んで東ドイツはベルリンに壁を建て、国境の鉄条網と監視台を強化した。ところがなんとそれは成功したのだ。物理的に東から西へ人民が流失することができなくなったのである。

そうしているうちにも、西ドイツは物質的に繁栄を続けた。そして左翼の過激派が出てきたのである。東ドイツやポーランドからの流入が続いておれば、左翼の発生は不可能だったのではないかと思われる。東京オリンピックころに私を訪ねてくれたドイツ人と話していたら、彼が「ベルリンの壁は東ドイツ政府にとって成功だった」と言うのを聞いて、首をひねったものだった。その後何年かの後に左翼過激派が西ドイツに現われたと聞いて、はじめて納得したようなわけであった。

ボート・ピープルが流れ出ている間は、北ベトナム政府の酷政を人々は疑わない。今、北ベトナム政府やカンボジア政府の弁護論が大新聞から消えているのもそのためである。しかしもしベルリンの壁みたいな工合に、国外脱出を効果的にとめる方法を北ベトナム政府が考え出すならば、また北ベトナム応援団が日本でも現われてくるかも知れない。

「ジャル・パックみたいなものが戦前にあったら、日本は戦争をはじめなかったろうに」とよく言われるが、庶民が肌で直接見聞できるようなことについてはアジは効《き》かない。この意味でも、海外ツアーが盛んなことは、日本人のためによいことであると考えたりするのである。

この二十年、ドイツは変わった。しかし旅行者として見ると悪くなってはいない。これは、イギリスを何年かの間隔をおいて訪ねた時の印象とは、相当顕著な対比をなす。イギリスは悪くなった、という感じが、相当はっきりしているからであろう。戦前の日本を知っている人が、戦後に日本にもどって来た時、「昔の日本人は礼儀正しく品位があった」

と言って、日本人が悪くなったことをよく指摘したものである。それは敗戦の荒廃のためで、ある程度やむをえぬことがあったと思われる。

では二十年前日本を訪ねたことのある外国人が、最近また日本にもどって来たらどう言うだろうか。ぜひ聞いてみたいところである。二十年前のドイツについて自分が観察したことを読み返していたら、そんな感想も浮んだ。

この文字通り篋底《きょうてい》に秘めてあったものを出版できるようになったのは、講談社の浅川港氏、田代忠之氏、鈴木理氏のおかげである。厚く御礼を申し上げる。原稿の時に読んで、綺麗に綴じておいてくれた父はすでに亡く、今年が七回忌である。本の形にして読ませてやりたかったと、今はいささか感傷的な気持ちでいる。

昭和五十五年十月

半世紀目の誕生日を迎えた夜、十月の雨の音を聞きつつ　渡部昇一

ドイツ留学時の著者（右端）

本書は『ドイツ留学記（下）』（講談社現代新書）を復刊したものです。

【著者略歴】

**渡部昇一**（わたなべ・しょういち）

1930年10月15日、山形県生まれ。上智大学大学院修士課程修了。ドイツ・ミュンスター大学、イギリス・オックスフォード大学留学。

Dr.phil.（1958）、Dr.Phil.h.c（1994）。上智大学教授を経て、上智大学名誉教授。ミュンスター大学より名誉博士号授与（非欧米人では初）。フルブライト教授としてアメリカの4州6大学で講義。専門の英語学のみならず幅広い評論活動を展開する。1976年第24回エッセイストクラブ賞受賞。

1985年第1回正論大賞受賞。英語学・言語学に関する専門書のほかに、『歴史への遺言』『昭和史＜上・下＞』（以上、ビジネス社）『知的生活の方法』（講談社現代新書）、『古事記と日本人』（祥伝社）、『知的余生の方法』（新潮新書）、『決定版 日本人論』（扶桑社）などがある。

2017年4月17日逝去。享年86。

# わが体験的キリスト教論

2021年11月1日　第1刷発行

著　者　渡部昇一
発行者　唐津　隆
発行所　株式会社ビジネス社
〒162-0805　東京都新宿区矢来町114番地
神楽坂高橋ビル5F
電話　03-5227-1602　FAX 03-5227-1603
URL　http://www.business-sha.co.jp/

〈装幀〉中村聡
〈本文組版〉茂呂田剛（エムアンドケイ）
朝日メディアインターナショナル株式会社
〈印刷・製本〉モリモト印刷株式会社
〈営業担当〉山口健志
〈編集担当〉中澤直樹


ISBN978-4-8284-2342-5